Katja Boehme

Madeleine Delbrêl

Das Buch

Immer mehr Menschen werden aufmerksam für das Leben Madeleine Delbrêls (1904–1964), einer der faszinierendsten Frauen und Christinnen unserer Zeit. Aus bürgerlichem Haus stammend, wandte sich die außerordentlich begabte Jugendliche dem philosophischen Atheismus zu; als junge Frau «explodierte das Evangelium» in ihr: Doch ihr Weg führt nicht ins Kloster, sondern mitten in den sozialen Brennpunkt eines Arbeiterviertels.

Katja Boehme, ausgewiesene Kennerin der Biografie Delbrêls, lenkt den Blick auf diese bemerkenswerte und außergewöhnliche Frau.

Die Autorin

Katja Boehme, Prof. Dr. theol., ist Professorin für Katholische Theologie / Religionspädagogik mit den Schwerpunkten Historische und Systematische Theologie und Religionspädagogik und -didaktik an der Pädagogischen Hochschule in Heidelberg.

Katja Boehme

Madeleine Delbrêl

Die andere Heilige

HERDER

FREIBURG · BASEL · WIEN

HERDER spektrum Band 6726

MIX
Papier aus verantwortungsvollen Quellen
FSC www.fsc.org
FSC® C083411

Aktualisierte Neuausgabe 2014

Titel der Originalausgabe: Madeleine Delbrêl

www.herder.de

Umschlagkonzeption: Finken & Bumiller
Umschlaggestaltung: Verlag Herder
Umschlagmotiv: Foto Madeleine Delbrêl mit 19 Jahren,
© Responsable des Equipes
Madeleine Delbrêl et Archives familiales;
technisch bearbeitet von Jacques Faujour

Herstellung: CPI books GmbH, Leck
Printed in Germany

ISBN 978-3-451-06726-6

Inhalt

1

Madeleine mit 19 Jahren

1. Die Atheistin

«Gott ist tot (…), es lebe der Tod», schreibt im Jahr 1922 eine junge Frau in ihren persönlichen Aufzeichnungen, um dann in der radikalen Konsequenz einer Siebzehnjährigen fortzufahren: «Weil das wahr ist, muss man auch ehrlich genug sein, nicht mehr so zu leben, als ob er lebte.»[1]
Nichts deutet zu dieser Zeit darauf hin, dass dieselbe Frau später von angesehenen Theologen als «Modell des Christen der Zukunft» (Victor Conzemius) und als «eine der bedeutendsten Frauen des 20. Jahrhunderts» (Hans Urs von Balthasar) bezeichnet werden würde. Und rein gar nichts lässt vermuten, dass sie 1996 in einem Hirtenbrief der französischen Bischöfe den Katholiken in Frankreich als Wegweiserin in das dritte Jahrtausend vorgestellt wird.

Wer war diese Frau, diese «andere Heilige»?

Madeleine Delbrêl wurde 1904 in Mussidan, einer kleinen Stadt in der Dordogne, geboren. Frankreich war zu dieser Zeit davon geprägt, dass sich der französische Staat und die katholische Kirche in Folge der Französischen Revolution zunehmend entzweit hatten. Diese Entwicklung endete 1906 schließlich in einer völligen Trennung von Staat und Kirche. War die Kirche zuvor noch im öffentlichen Leben Frankreichs vertreten gewesen, schien nun mit der Enteignung der Klöster und Kirchengüter auch ihr letzter Einfluss auf die Gesellschaft zu schwinden.

Abb.: Das Haus der Großeltern Junière in Mussidan. Hier wurde Madeleine geboren.

Die Gläubigen befanden sich zu Beginn des 20. Jahrhunderts in einer Welt, die sich von den Ursprüngen ihrer christlichen Prägung zusehends löste. Das barg für viele von ihnen die Gefahr, sich in eine private Frömmigkeit und in einen kirchlichen Innenraum zurückzuziehen. Viele waren davon überzeugt, dass der christliche Glaube in einer säkularisierten Welt nicht mehr zu leben sei.

Madeleines Eltern waren sehr unterschiedlich: Ihre Mutter, Lucile Junières, war in behüteten großbürgerlichen Verhältnissen aufgewachsen. Als Tochter eines wohlhabenden Wachswarenfabrikanten in Mussidan, der den Wallfahrtort Lourdes mit seinen Kerzen belieferte, hatte Lucile bis zu ihrer Heirat eine sorgenfreie Jugend verbracht.

Der Vater der kleinen Madeleine, Jules Delbrêl, hatte seine berufliche Laufbahn als einfacher Bahnarbeiter begonnen und war gerade im Begriff, bei der französischen Eisenbahn Karriere zu machen, als er in Mussidan in der zurückhaltenden und um zehn Jahre jüngeren Lucile seine zukünftige Frau kennen lernte. Gern hätte er sein großes Interesse an Kunst und Literatur zum Gegenstand seines Berufs gemacht. Schließlich verfasste er selbst sein Leben lang zahlreiche Gedichte. Dass er diesen Wunsch nie verwirklichen konnte, mochte ein Grund für seine ausgesprochen exzentrischen Wesenszüge gewesen sein. Wie sich im Laufe der schwierigen Ehe zeigte, stimmten die Eltern nicht nur in ihrer sozialen Herkunft, sondern auch in ihren

Abb.: Eine Postkartenansicht aus Mussidan: Die Wachswarenfabrik des Großvaters Joseph Junière (1848–1921).

Charaktereigenschaften so wenig überein, dass Madeleine lange unter den extremen Spannungen zwischen den Eltern litt, die sich 1934 schließlich trennten.

In der Rückschau bezeichnete Madeleine die unterschiedliche soziale Herkunft ihrer Eltern jedoch als «Glücksfall». Denn dies wurde ihr später zur Voraussetzung dafür, mit den unterschiedlichsten Menschen aller Schichten in Kontakt treten zu können: «Meine Familie war aus allen Schichten zusammengesetzt, infolgedessen auch ich.»[2]

Zu dieser «anarchischen Situation», wie sie diese Tatsache bezeichnete, kam hinzu, dass ihr Vater wegen seiner Fachkompetenz und seiner kreativen Ideen für das Bahnwesen oft befördert und entsprechend häufig versetzt wurde. Also zog die Familie um: von Lorient nach Nantes, von dort nach Bordeaux, nach Montluçon und schließlich nach Paris. Die häufigen Umzüge machten es für Madeleine unmöglich, an einem geregelten Schulalltag teilzunehmen. Deshalb erhielt sie Privatunterricht. Die Eltern Madeleines stellten an ihr einziges Kind nicht gerade geringe Ansprüche. Sie waren sich nicht oft einig, aber in diesem Punkt schon: Madeleine sollte Pianistin werden. Ob dieser Wunsch eher auf die großbürgerliche Erziehung der Mutter oder das künstlerische Interesse des Vaters zurückzuführen ist, bleibt ungeklärt.

> *»Seit ich zum Alter der Vernunft gelangt war, hatten meine Eltern mich dazu bestimmt, Pianistin zu werden – vielleicht besaß ich, was man Anlagen dazu nennt, aber keine davon streifte an Genialität. Trotzdem mussten meine Schulstunden in den Zwischenzeiten Platz finden, die das Klavier frei ließ. Ich bin somit außerhalb aller richtigen Schuldisziplin aufgewachsen.»*[3]

Zu ihrer unruhigen Kindheit und dem spannungsreichen Familienleben traten von außen die Nachrichten politischer Umwälzungen. Dass die Schrecken des Ersten Weltkrieges auch die heranwachsende Madeleine belasteten, zeigt ein frühes Gedicht:

Viele bittere Tränen fließen in diesem Augenblick,
über die mißhandelten Kinder,
und die zermarterten Herzen der Mütter.
Die Germanen verwendeten abscheuliche Waffen.
(...)
Trotz all dieser Traurigkeiten will der Frühling wieder aufblühen:
Nichts kann das Grünen der Bäume aufhalten,
nichts das Aufblühen und Wachsen der Butterblume
und das Strahlen der leuchtenden Sonne.[4]

Madeleine widmete dieses Gedicht ihren Großeltern. Es erschien unter einem Pseudonym in einer Lokalzeitschrift von Mussidan. Die Widmung und das Foto, das Madeleine gemeinsam mit ihrer Großmutter zeigt, belegen, wie sehr die Großeltern in Mussidan der sensiblen Madeleine in jener unruhigen politischen Situation und in den Spannungen, die sie zwischen ihren Eltern erleben musste, Geborgenheit und Halt gaben.

Als Erwachsene schilderte Madeleine Delbrêl rückblickend, dass auch ihr kindlicher Glaube zur Stütze und zum Halt in schwierigen Zeiten wurde: «Inmitten einer ungläubigen Familie, bei dauerndem Wohnungswechsel, weil mein Vater Bahnbeamter war, hatte ich außergewöhnliche Menschen gefunden, die mir zwischen sieben und zwölf Jahren den katholischen Glauben beibrachten.»[5]

Das Foto von ihrer Erstkommunion ist arrangiert, wie es in der gut mittelbürgerlichen Schicht, in der sie aufgewachsen ist, üblich war. Es gibt allerdings nicht preis, dass sich in den Begleitumständen dieser Feier schon die Anlage zu jenem individuellen Weg verbarg, den sie später innerhalb der Kirche wählen sollte: Madeleines Großmutter verstarb unmittelbar vor der geplanten Ersten Heiligen Kommunion, sodass das Mädchen nicht an der Erstkommunionfeier der Pfarrgemeinde teilnehmen konnte. Anstatt jedoch ein weiteres Jahr zu warten, setzte die zwölfjährige Madeleine Delbrêl – gegen den Willen ihrer religiös wenig interessierten Eltern – eine eigene Erstkommunionfeier zwei Wochen später durch.

Hatten ihr noch bei der Vorbereitung auf die Erste Heilige Kommunion katholische Priester die Welt des Glaubens erschlossen, stand sie während ihrer Jugendzeit unter dem Einfluss des atheistischen Literaturkreises ihres Vaters, den der intellektuelle Dr. Armaingaud leitete. Die Familie Delbrêl war inzwischen nach Paris umgezogen und lebte im XIV. Arrondissement, einer eher wohlhabenden Gegend, am Place Denfert-Rochereau: «In Paris vermittelten mir andere außergewöhnliche Leute eine entgegengesetzte Bildung. Mit fünfzehn war ich strikt atheistisch und fand die Welt täglich absurder.»[6]

Scharf und in aller Konsequenz durchdachte und durchlebte sie den neuzeitlichen Atheismus. Davon zeugt der eingangs zitierte Text: «Gott ist tot,

Abb.: Madeleine als Kind mit ihrer Großmutter Anne Junière (1878–1932).

Abb.: Madeleine anlässlich ihrer Ersten Heiligen Kommunion am 6. Juni 1915 in Montluçon.

es lebe der Tod (...)», den sie mit 17 Jahren schrieb. Für ihre kritische Haltung, die ihre Jugendzeit bestimmte, wird zunächst Montaigne (1533–1592), nach dem sich der Literaturkreis ihres Vaters benannte, Pate gestanden haben.[7]

Die künstlerisch begabte Madeleine hatte – ihrem Talent folgend – ein Studium der Künste aufgenommen. Ihr Interesse an philosophischen und literarischen Themen war aber schon damals so ausgeprägt, dass sie von sich aus Vorlesungen an der Sorbonne belegte.

In den Schriften Montaignes – wie etwa in dem Essay «Philosophieren heißt sterben lernen» – fand Madeleine den Gedanken überzeugend, dass der Tod die Macht sei, die das Leben bestimme. Die Aussage Montaignes: «Mit den nimmermüden Werken eures Lebens wirkt ihr euren Tod. Solange ihr lebt, seid ihr im Tod»[8], machte Madeleine zum Grundtenor ihres eigenen Textes von 1922. Mehr aber noch als durch den Skeptizismus Montaignes ist dieser Text Madeleines vom Nihilismus Friedrich Nietzsches (1844–1900) geprägt, dessen Schriften ihr spätestens während der Philosophievorlesungen begegnet sein dürften, die sie ab 1920 an der Sorbonne belegte. Schon der Titel ihres Aufsatzes «Gott ist tot(...), es lebe der Tod» nimmt deutlich Bezug auf Nietzsche.[9] In aller Konsequenz dekliniert sie hier die Aussage des nihilistischen Philosophen durch. Wenn Gott tot ist, ist der Tod an Gottes Stelle getreten und so zum eigentlichen Maß des Menschen geworden. Dieses Maß sei «klein», so Madeleine Delbrêl, es relativiere Glück und Unglück, denn «ein wirklich großes Unglück oder Glück wird es niemals geben».

Politisches Engagement – wie für Gerechtigkeit und Frieden – bezeichnet die Siebzehnjährige angesichts des Todes als sinnlos. So schreibt sie über die Pazifisten: «Wäre es ihnen 1914 gelungen, den Krieg zu knebeln, so wären 1998 doch alle, die der Krieg nicht umgebracht hätte, endgültig auf ihrem persönlichen Friedhof untergebracht.» Und über die Revolutionäre: «Sie können zwar die Welt aufs Beste einrichten (...), aber ausziehen muss man doch, wohl oder übel!» Mütter wollten, so Madeleine, zwar kein Kanonenfutter liefern, «aber versucht ihnen einmal beizubringen, dass sie immerhin Todesfutter herstellen ...» Auch die Liebe definiert Madeleine in ihrem Text von 1922 als «radikal unlogisch», da der Tod jede Form von Liebe begrenze und ihre Ewigkeitsdimension ausschließe.

Madeleines atheistische Haltung wurde aber nicht allein durch Montaigne und Nietzsche, sondern ebenso durch eine starke intellektuelle Auseinandersetzung mit dem Werk Blaise Pascals (1623–1662) geprägt, dessen gläubige Haltung sie jedoch ablehnte. Ebenso wie mit Nietzsche, kam sie mit dem Werk des französischen Philosophen Pascal durch Vorlesungen an der Sorbonne in Berührung, die sie unter anderem auch bei dem berühmten Léon Brunschvicg hörte. Bei Brunschvicg lernte sie die Gedanken Pascals kennen. Dieser geht davon aus, dass man zwar die Existenz Gottes nicht beweisen könne, es aber gewinnbringend sei, an Gott zu glauben. Denn – so argumentiert Pascal – bei einer Wette auf die Existenz Gottes könne man nichts verlieren, wenn es ihn nicht gäbe, aber die Ewigkeit gewinnen, wenn sich zeigen sollte, dass es Gott doch gibt. Wie gut sie Pascal studiert hatte, zeigt ihr Rückblick auf die Zeit ihres intellektuellen Atheismus, in dem sie auf diese «Wette» Pascals anspielt:

> *«Als ich noch nicht an Gott glaubte, fand ich mit jedem Tag mehr – ich hatte mit solchen Bestandsaufnahmen etwa mit meinem 16. Lebensjahr begonnen –, dass die Welt und dass die Geschichte, dass unsere Welt und unsere Geschichte die schlimmste Farce sei, die man sich denken kann. Dennoch hätten hundert noch hoffnungslosere Welten mich nicht veranlasst, mich einen Schritt weiterzubewegen, wenn mir ein religiöser Glaube als tröstende Hoffnung vorgestellt worden wäre. Auf die intellektuellen Fähigkeiten des Menschen war ich einfach zu stolz, um mich auf eine ‹Wette› einzulassen. Zu wetten und sich selbst einzusetzen, war mir im strengsten Sinn des Wortes eine der großen menschlichen Kapitulationen.»*[10]

Sie selber nahm stattdessen lieber eine ironische Haltung ein: «Früher sagten Leute: ‹Wir tanzen auf einem Vulkan.› Ja, ich tanze, aber ich will wissen, dass es auf einem Vulkan ist.»[11] Damit entsprach Madeleine dem, was sie bei Nietzsche gelesen hatte: Man solle ein gefährliches Leben führen, in welchem man am Vesuv Städte bauen und noch an Abgründen tanzen solle.[12] Den einzigen Halt fand die junge Madeleine darin, selbst ein künstlerisch schaffender Mensch zu sein. Denn neben ihren Klavierstunden und ihrem Studium der Geschichte und Philosophie an der Sorbonne besuchte sie eine Kunsthochschule in Montparnasse und schrieb eigene Gedichte.[13] Ebenso wie Nietzsche lässt auch Madeleine nur die Lebensgestaltung von Künstlern und Handwerkern gelten. Denn «die Maurer, die Zimmerleute, die Fotographen, die Künstler, die Dichter (…) stellen Sachen her, die Dauer haben, sie lassen etwas von den Menschen dauern.»

Und doch zeigte sie, dass ihr dies nicht zum Lebensinhalt werden konnte, denn sie bemerkt in einer ironisch-trotzigen Distanz[14]: «Und dann gibt es die Leute, die sich amüsieren, die die Zeit totschlagen, bis schließlich die Zeit sie totschlägt (…). Ich gehöre dazu.» Wenn es keinen Gott gibt, versinkt das Sein und Leben in Relativität und Sinnlosigkeit: «Jetzt ist der Tod allgegenwärtig, unsichtbar, wirksam; er versetzt einen winzigen Schlag und tack: die Liebe hört auf zu lieben, der Gedanke zu denken, ein Säugling zu lächeln… Und nichts ist mehr da.» Mit unbestechlicher Klarheit zeigt Madeleine Delbrêl hier auf, welche Folgen ein bewusst gewählter Atheismus nach sich zieht. Gäbe es keinen Gott, würde das Leben zu einer gänzlich unbeantwortbaren Frage. Wird Gott geleugnet, werden ewiges Leben, Liebe, Glück und der Einsatz für eine bessere Welt völlig relativ und sinnlos. Und wenn nicht Gott, sondern der Tod das letzte Wort hat, dann hat das auch Konsequenzen für die menschliche Sprache: «Sogar die Sprache hat Gott verfälscht (…). Kann man einem Sterbenden ohne Mangel an Takt ‹Guten Tag› oder ‹Guten Abend› sagen? (…) So sagt man ihm halt: ‹Auf Wiedersehen›, oder ‹Adieu› (…), solange man noch nicht auszudrücken gelernt hat: ‹Auf Nirgendwo›, ‹Auf rein gar nichts›.»[15]

Ausgerechnet durch den Leiter des Literaturkreises ihres Vaters, Dr. Armaingaud, lernte Madeleine Delbrêl einen jungen Mann, den Neffen Armaingauds, kennen: Jean Maydieu (1900–1955). Im Unterschied zu seinem Onkel war der junge Jean Maydieu überzeugter Christ und wäre gerne in einen Orden eingetreten, statt dem Wunsch seines Vaters zu entsprechen und an der berühmten Ecole Centrale in Paris Ingenieurwissenschaften zu studieren. Dr. Armaingaud betrachtete mit Freude die gegenseitige Zuneigung, die sich zwischen den beiden jungen Leuten entwickelte. Schließlich lud er Madeleine zu sich nach Arcachon in die Nähe des Hauses der Maydieus ein, wo Jean und Madeleine unzählige Gelegenheiten zur Zweisamkeit nutzten: miteinander Boot zu fahren, spazieren zu gehen und sich zu unterhalten. Im Oktober 1923 gaben die Eltern Madeleines anlässlich des 19. Geburtstags ihrer Tochter einen Ball. Madeleine und Jean schienen unzertrennlich zu sein und man sprach bereits von ihrer Verlobung. Nur wenige Wochen nach diesem Fest jedoch zog sich Jean von Madeleine zurück. Ein Jahr später verließ er auch seine Familie und trat in das Noviziat der Dominikaner in Amiens ein. Die Entscheidung Jeans, eine ehelose Lebensform zu wählen und Ordensmann zu werden, war der intellektuellen und atheistischen Madeleine völlig unverständlich und erschütterte sie zutiefst. Sie wurde ernsthaft krank.

Ihr seelisches Leiden wurde dadurch noch verstärkt, dass ihr Vater, der stark an Diabetes litt, erblindete, was die Familie völlig zerrüttete und die Situation Madeleines und ihrer Mutter geradezu unerträglich machte. Auf der Suche nach einer Antwort schrieb Madeleine an einen Priester, der in enger Verbindung mit Jean stand. Sie bekam keine Antwort. Ihre antiklerikale Haltung, wie sie sich in folgendem Gedicht aus dieser Zeit ausdrückt, wurde durch ihre Enttäuschung darüber nur noch stärker:

Abb.: Jean Maydieu (1900–1955) als Dominikaner.

Das goldene Kalb

Ihr schamlosen Priester, die ihr eure Gedanken
den Entweihungen der Händler im Tempel preisgebt,
ihr redet eure aufbegehrenden Seelen mundtot
und wenn eure Stimme ertönt, rühmt sie das Geld.

Ihr Gehilfen der Händler. Vor dem Heiligtum drängt ihr euch zusammen,
wo ihr auf den Knien herumrutscht, besudelt ihr die Vorhöfe,
und ihr entweiht die Stätten des Gebets
mit eurem Marktgeschrei und Geldgeklimper.

Ihr alle seid Verwüster des gelobten Landes.
Ihr unterdrückt eure Scham und schluckt eure Gewissensbisse herunter.
Ihr seid schlechte Hirten der Herden eurer Brüder,
ihr Genossen der über den Toten kreisenden Krähen.[16]

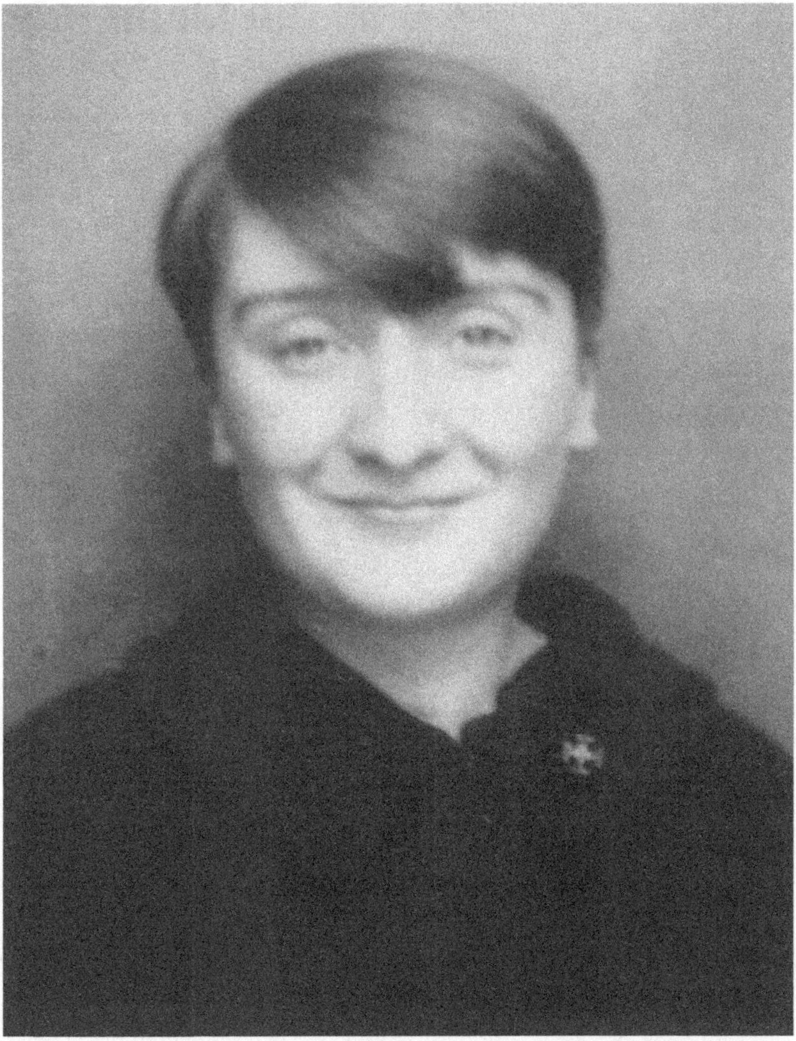

2

Madeleine im Jahr 1931

2. Die Suchende

Schon bald merkte Madeleine, dass ihre radikal atheistische Einstellung auf Dauer nicht haltbar war. Die unumkehrbare Entscheidung ihres Freundes Jean Maydieu, sich von ihr für immer zurückzuziehen und sein Leben im Dominikanerorden Gott zu weihen, hatte sie zutiefst getroffen. Wie konnte sich ein Mensch ganz für Gott entscheiden, während ein anderer die Existenz Gottes leugnete?

Etwa zur selben Zeit begegneten ihr in den Vorlesungen, die sie besuchte, junge, überzeugende Christen. Vielleicht gehörten diese Studenten zum Freundeskreis Jeans, jedenfalls lernte Madeleine in diesen jungen Christen Menschen kennen, die – wie sie später schrieb – «weder älter, noch dümmer, noch idealistischer waren als ich, die vielmehr dasselbe Leben wie ich lebten und ebensoviel wie ich diskutierten und tanzten»[17], aber die Existenz Gottes im 20. Jahrhundert durchaus nicht für absurd hielten. Für diese jungen Christen war «Gott so unverzichtbar wie die Luft» und Christus eine solche Realität, dass, «hätten sie Christus einen Stuhl hingeschoben, er wäre nicht lebendiger gegenwärtig gewesen». Weil Christus für diese Studenten offensichtlich auch in ihrem Alltag eine greifbare Wirklichkeit bedeutete, war es Madeleine nicht mehr möglich, die Frage nach der Existenz Gottes von vornherein als unzeitgemäß abzulehnen. «Bei den häufigen Begegnungen mit ihnen über mehrere Monate konnte ich ehrlicherweise, wenn auch nicht ihren Gott, so doch Gott nicht mehr im Absurden lassen.» Ihr Bemühen, sich zu beweisen, dass es keinen Gott gäbe, wandelte sich nach und nach in eine andere Fragestellung: «Wenn ich aufrichtig sein wollte, so konnte ich einen Gott, den es möglicherweise gab, nicht behandeln, als sei er mit Gewissheit nicht existent.» Das führte sie zur Überprüfung ihres atheistischen Standpunktes.

Schließlich gab ihr einer der christlichen Freunde – möglicherweise war es Jean Maydieu selbst – den Rat, der Kirchenlehrerin Teresa von Avila zu folgen und täglich fünf Minuten still an Gott zu denken. «Vom ersten Mal an betete ich kniend, erst noch aus Furcht vor dem Idealismus. Ich tat es an jenem Tag und an vielen andern Tagen, ohne auf die Uhr zu blicken. Seitdem habe ich lesend und nachdenkend Gott gefunden. Aber betend habe ich geglaubt, dass Gott mich gefunden hat, dass er die lebendige Wahrheit ist, die man lieben kann, wie man eine Person liebt.» Von diesem Moment an war Madeleine von einem lebendigen, alle Bereiche ihrer Existenz umfassenden Glauben erfüllt. Von nun an wird das Thema der Bekehrung ihre Schriften durchziehen. Dem Zeugnis Jacques Loews zufolge – einem der besten Freunde Madeleines –, bleibt «dieses unerhörte bestürzende Glück (...) dreißig Jahre nach ihrer Konversion ebenso kostbar wie am ersten Tag, weil ihr immer klarer wird, dass es weder ‹eine Idee› zum Inhalt hat noch ‹einen Besitz›, ‹ein Kapital›, über das man verfügt, sondern eine immer neue Gabe, ein immer wieder gewährtes Geschenk ist. Alles lenkt sie auf diese alltägliche Entdeckung hin.»[18] Noch in ihrem letzten Vortrag kurz vor ihrem überraschenden Tod im Jahr 1964 bekannte sie gegenüber ihren Zuhörerinnen und ihren Zuhörern: «Ich bin von Gott überwältigt worden und bin es immer noch.»[19]

«Bekehrung ist ein gewaltsames Ereignis. Schon auf seinen ersten Seiten ruft uns das Evangelium zur ‹metanoia› – bekehrt euch, das heißt: kehrt euch um, schaut euch nicht selber mehr an, kehrt euer Antlitz mir zu.
Die Taufe hat diese gewaltsame Umkehr bewirkt. Diese kann in uns fast gar nicht oder vollständig bewusst, fast gar nicht oder vollständig gewollt, fast gar nicht oder vollständig frei sein.
Bekehrung ist ein entscheidender Augenblick, der uns abkehrt von dem, was wir über unser Leben wissen, damit wir, Aug´ in Auge mit Gott, von Gott erfahren, was er davon hält und daraus machen will. In diesem Augenblick wird Gott für uns zum Allerwichtigsten; wichtiger als jedes andere Ding, wichtiger als jedes Leben, selbst und vor allem als das unsrige. Ohne diesen höchsten, überwältigenden Primat des lebendigen Gottes, der uns einfordert, seinen Willen unserem Herzen vorstellt, damit es in Freiheit Ja oder Nein antworte, gibt es keinen lebendigen Glauben.»[20]

Ihre Umkehr von einem überzeugten intellektuellen Atheismus zur Erkenntnis, dass Gott lebendig ist, sollte von ihrem zwanzigsten Lebensjahr an auch all ihrem Denken und Handeln eine radikale Kehrtwende geben. Alle Vorstellungen, die sie in ihrem Text aus dem Jahr 1922 noch abgelehnt hatte, die Existenz Gottes, Glück, Leben, Liebe und Ewigkeit, wurden ihr nun durch ihre Begegnung mit Gott zur bestürzenden Realität. Wenige Monate, nachdem Jean sie verlassen hatte, erlebte Madeleine Ende März 1924 eine tiefe Gotteserfahrung. «Ich danke Gott, dass er mir diese Erfahrung geschenkt hat (...). Wir hätten unser Leben tragisch verfehlen können, Jean und ich. Wir waren für anderes geschaffen; das Erwachen hätte schrecklich sein können»[21], schrieb sie 1927 an ihre Mutter aus Arcachon, wo sie wenige Jahre zuvor die glücklichen Ferien mit Jean verbracht hatte.

Viele Jahre nach ihrem Tod fanden ihre Freundinnen einen Zettel in ihrem Messbuch, der Rückschlüsse darauf zulässt, dass sie den Tag ihrer Bekehrung genau datieren konnte:

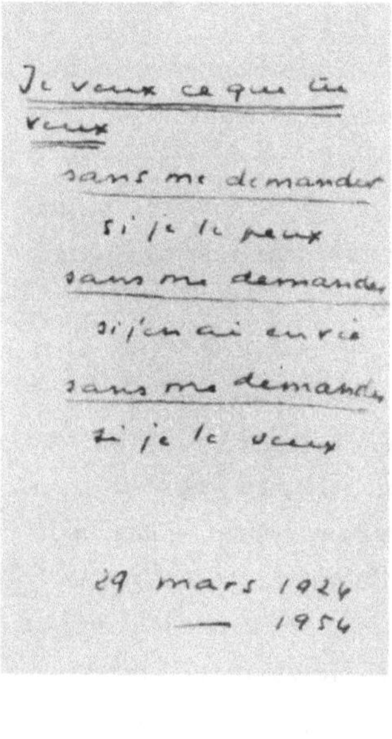
Je veux ce que tu veux
sans me demander
si je le peux
sans me demander
si j'en ai envie
sans me demander
si je le veux
29 mars 1924
— 1954

ICH WILL DAS, WAS DU WILLST
OHNE MICH ZU FRAGEN
ob ich es kann
OHNE MICH ZU FRAGEN
ob ich Lust darauf habe
OHNE MICH ZU FRAGEN
ob ich es will
29. März 1924
29. März 1954[22]

Aber darüber, was ihr im März 1924 wirklich widerfahren war, hat sie sich nie deutlich geäußert. Einer Freundin gestand sie Jahre später, dass sie ihre Bekehrung wie ein «Eblouissement» – eine «Erleuchtung»

Abb.: Notiz Madeleines

– erfahren hatte, die ihr wie die Begegnung mit dem unfassbaren Licht Gottes gewesen sein muss. Und noch in ihrem letzten Vortrag wird sie sagen: «Den lebendigen Glauben haben heißt, von ihm geblendet sein, um von ihm gelenkt zu werden.»[23]

Aufgrund dieser Erfahrung bezeichnet Madeleine Delbrêl Gott als «das schwarze Licht»[24] – ein Ausdruck, den sie der Mystik des Johannes vom Kreuz entlehnte. Ihre Schriften sprechen vom «Mysterium», von der «unergründlichen Finsternis Gottes» und der «undurchdringbaren Welt des Insichseins Gottes».[25] Gott blieb ihr das unfassbare Geheimnis. Und doch war ihr bewusst, dass «der Gott, ‹den niemand je gesehen hat›, durch Christus und sein Evangelium hindurch erkannt werden kann».[26] Gott ist «Jemand».[27] Er ist nicht nur unfassbares Geheimnis, sondern zugleich ein Du, das «man lieben kann, wie man eine Person liebt». Mit ihrer Bekehrung erfuhr Madeleine, dass dieser Gott mit dem Menschen eine persönliche und einmalige Beziehung eingehen will. «Es ist ein Geschehen, in welchem der einzelne Mensch auf einzigartige Weise von Gott angesprochen wird, und das heißt, sich ‹als Einziger bei seinem Namen gerufen› [zu] wissen, wie zur Taufe, wie zum Sterben.»[28]

Von nun an konnte sie Glück, Leben und Liebe nicht mehr leugnen: «Es gibt vieles, was wir von Gott nicht wissen. Er wollte jedoch, dass wir wüssten: Er ist jemand, er lebt, er handelt, er liebt, und zwar intensiver als alles, was wir über Leben, Handeln, Lieben wissen mögen.»[29]

Mit 17 Jahren hatte Madeleine Delbrêl noch von der Allmacht des Todes gesprochen, mit 20 Jahren beschrieb sie nun ihre Bekehrung als einen Übergang vom Tod zum Leben. In einem ihrer späteren Vorträge führte sie aus, dass die Bekehrung des Christen «ein ‹Vorher› und ein ‹Nachher› [auszeichnet], weil er vom Tod zum Leben übergegangen ist, weil alles, was einst sein Leben ausmachte, gleichsam dem Tod entrissen worden ist.»[30] Durch die Begegnung mit Gott, dem «Leben allen Lebens»[31], erhält das menschliche Leben, selbst in einem noch so monotonen Alltag, eine neue, göttliche Dimension, welche «heißt, vom Leben unseres Gottes zu leben».[32] Der durch die Bekehrung veranlasste Übergang vom Tod zum

Leben ist gleichbedeutend mit dem Eintritt in das Leben Gottes, in das ewige Leben: «‹Vater unser› in Wahrheit sagen, heißt dem Weg des in uns vorgerückten Todes entsagen, um zuzulassen, dass Gott uns zum ewigen Leben gebäre.»[33] Madeleine, die zuvor das Leben mit dem absurden Tanz an den Abgründen eines Vulkans verglichen hatte, wusste nun ihr Leben in den Armen der Gnade Gottes.

«Gib, dass wir unser Dasein leben
Nicht wie ein Schachspiel, bei dem alles berechnet ist,
Nicht wie einen Match, bei dem alles schwierig ist,
Nicht wie ein Zahlenproblem, bei dem man sich den Kopf zerbricht,
Sondern wie ein endloses Fest, bei dem man dir immer wieder begegnet,
Wie einen Ball, einen Tanz
In den Armen deiner Gnade,
Während Musik der Liebe uns allseits umfasst.
Herr, komm und lade uns ein.»[34]

Durch die Bekehrung hatte sich aber nicht nur ihre Sichtweise auf das Leben verändert, sondern sie definierte ebenso neu, was Liebe bedeutet: «Lieben heißt, sich darüber zu freuen, dass Gott sich uns schenkt.»[35] Damit sind Liebe und Glaube eine einzige Wirklichkeit. Bekehrung beschränkt sich für sie nicht auf den Zustand einer mystischen Gottesschau, in dem der einzelne Mensch verzückt vor der Gegenwart Gottes verharrt. Liebe zu Gott heißt für sie, sich mit dem Liebeswillen Gottes zu vereinigen. Weil nun, wie sie immer wieder betonte, der Wille Gottes und die Liebe zum Nächsten eine Einheit sind, und es keine Liebe zu Gott ohne Liebe zu den Brüdern und Schwestern gibt, bedeutet die radikale Hinwendung zu Gott zugleich eine ebenso radikale Hinwendung zu den Menschen. «Wenn wir unser Herz zu Gott hinwenden, gibt er uns ‹dieses Herz aus Fleisch›, das alles, was es anrührt, in Glut setzt.»[36] Gottesliebe und Nächstenliebe konnte sie nicht trennen. Denn die Liebe zum Nächsten «ist ein Zustand, in den wir durch die Liebe Gottes versetzt werden».[37]

Madeleine hatte das Leiden und die Sinnlosigkeit, die einen Menschen angesichts der Abwesenheit Gottes befallen kann, bis in alle Tiefen durchlebt. Sie wusste, wie einem Menschen zumute sein kann, der Gott leugnet. Der Atheismus sei ein Lebensgefühl, in dem – wie sie schreibt – «für den Ungläubigen schon das Leben selber vom Tod erschlagen wird. (...) Der innere Halt des Seins stürzt in allem, was lebt, zusammen. Was immer man lieben mag, man liebt etwas, das sterben muss. Das Leben wird zur Vollendung des Todes, alles ist vom Nichts und von der Absurdität befallen.»[38] Daher forderte sie von den Christen, sich vor Augen zu halten, in welch bedrückender Sinnlosigkeit sich ungläubige Menschen befinden. Ohne dieses Bewusstsein könnten wir Christen «den Ungläubigen unseren Glauben nicht als eine Befreiung von der Sinnlosigkeit einer Welt ohne Gott verkünden, weil wir diese Sinnlosigkeit gar nicht wahrnehmen».[39] Sie verlangte von den Gläubigen, so zu leben, dass an ihnen erkennbar wird, dass «der lebendige Gott (...) ein ungeheures, umwerfendes Glück»[40] ist. Den Christen müsse bewusst werden, dass Gott «das lebenswichtige Minimum» ist, ohne das «die menschliche Vernunft inmitten allen Wohlstandes an Hunger und Verzweiflung zugrunde gehen»[41] müsste. Die bestürzende Entdeckung des lebendigen Gottes, welche ihr Leben, Denken und Handeln geprägt hatte, wollte Madeleine Delbrêl jedem Menschen vermitteln. «Der Glaube ist dazu da, Gottes ewige Liebe den Menschen durch alle Zeiten hindurch zu offenbaren.»[42]

Die Motivation ihres späteren Engagements in einem kommunistischen Arbeitermilieu war daher eindeutig zuallererst darin begründet, «dass jeder Mensch, ebenso wie wir, Gott begegnen kann – Gott, den wir lieben und der jeden Menschen zuerst geliebt hat.»[43] Sie selbst verdankte ihre Bekehrung «dem Faktum», Menschen begegnet zu sein, die an Gott glaubten. Ein solch aufrüttelndes Zeichen eines gläubigen Menschen wollte sie nun für andere sein: «Das Faktum und die Wirklichkeit des Glaubens – das sind die Christen, die durch ein unerschütterlich treues alltägliches Handeln dieses ‹Phänomen› in ihrem Leben sichtbar machen.»[44] Ihre Bekehrungserfahrung bildete die Folie für ihre spätere Kritik an denjenigen

Christen, die nicht nachempfinden können, was für ein Unglück es für den Atheisten bedeutet, von diesem «ungeheuren, umwerfenden Glück»[45] des christlichen Glaubens nichts zu wissen. Allem politischen und sozialem Engagement sei daher die allen Christen gemeinsame Pflicht zu- und untergeordnet, nämlich die «Pflicht, das einzig absolute Glück des Menschen zu verkünden (...): Gott».[46] Ein Glaube, der nicht das Bedürfnis habe, anderen mitgeteilt zu werden, liefe Gefahr, zu verkümmern. Nur ein Glaube, der geteilt und mitgeteilt werden will, kann sich entwickeln. Für Madeleine gab es daher nur eine Alternative: «Überall, wo die Liebe Eingang findet, verwandelt sie unser Leben in Brennstoff. Entweder wir missionieren oder wir demissionieren.» Sie wies jedoch auch immer wieder darauf hin, dass der Glaube letztlich nicht durch pastorale Methoden vermittelt, sondern nur durch das eigene Leben beispielhaft vorgestellt werden kann: «Wir sind nicht da, um den Glauben zu geben – er ist eine Gabe Gottes –, sondern ihn in uns zu entfalten, den Inhalt seiner Botschaft offenbar zu machen und ihm gangbare Wege zu bereiten.»[47] Der Glaube ist ein unverfügbares Geschenk Gottes: «Gott allein verleiht ihn.»[48] So betont sie: «Den Glauben zu geben, steht nicht in der Macht der Menschen, nicht einmal derer, die sich selbst hingeben.» Und: «Vermitteln können wir ihn nicht. Der Herr ist es, der beruft und der schenkt.[49]»

Die Begeisterung von Gott mitzuteilen, hieß daher für Madeleine nicht, jedem zu erzählen, dass sie überzeugte Christin sei oder gar lauthals auf der Straße das Evangelium zu verkünden. Für ein bekehrtes Leben ist ihrer Meinung nach nicht die Änderung der äußeren Umstände entscheidend, sondern die innere, bekehrte Haltung des Christen, die vielleicht «wenig oder gar nichts an unseren äußeren Lebensumständen ändert, aber sie wandelt sie in neue Verhältnisse und Beziehungen, denen das Zeichen Christi eingeprägt ist».[50] Damit wird selbst die einfachste, alltäglichste Handlung des Christen zu einer Begegnung mit Gott:

«Jeder gefügige Akt lässt uns Gott in Fülle empfangen und ihn in Fülle verteilen in einer großen Freiheit des Geistes.

Dann wird das Leben ein Fest.
Jede kleine Unternehmung ist ein gewaltiges Ereignis, worin uns das Paradies geschenkt wird, das wir weiterverschenken können.
Egal, was wir zu tun haben: ob wir einen Besen oder eine Füllfeder halten.
Reden oder stumm sind, etwas flicken oder einen Vortrag halten, einen Kranken pflegen oder auf einer Schreibmaschine hämmern.
All das ist nur die Rinde einer herrlichen Realität, der Begegnung der Seele mit Gott in jeder neuen Minute, die an Gnade zunimmt, immer schöner wird für ihren Gott.
Man läutet? Schnell, aufgetan! Gott ist es, der uns lieben kommt. Eine Ankunft?... Bitte... Es ist Gott, der uns lieben kommt. Zeit, sich zu Tisch zu setzen? Gehen wir: Es ist Gott, der uns lieben kommt.
Lassen wir ihn gewähren.»[51]

«Vom Tag an, da Madeleine von Gott ergriffen worden war, kannte sie keine andere Sorge, als sich in die Kirche einzuwurzeln.»[52] So beschreibt der Arbeiterpriester Jacques Loew den Wunsch Madeleines, sich nach ihrer Bekehrung in der Kirche zu engagieren. Im Rückblick wird dieser Wunsch eher als ein tastendes Suchen Madeleines danach zu deuten sein, eine Lebensform zu finden, die ihrem neu erwachten Glauben entspräche. Es nimmt daher nicht wunder, dass sie sich mit dem Gedanken trug, ihr Leben in einem Kloster ganz Gott zu weihen. Am meisten sagte ihr der Karmel zu – ein besonders beschaulicher Orden, in dem der strenge Tagesablauf für die Schwestern nur sehr begrenzt die Möglichkeit vorsieht, ein offenes Haus zu leben, und kaum Kommunikation miteinander bietet.

Dass Madeleine keinen konkreten Kontakt zu einer klösterlichen Gemeinschaft suchen und aufnehmen konnte, lag vor allem daran, dass sie familiär sehr eingebunden war. Inzwischen waren die Spannungen zwischen ihren Eltern – bedingt vor allem durch die Erblindung ihres Vaters, der in seiner hilflosen Unzufriedenheit immer launischer wurde – unerträglich geworden. Im Juni 1924 hatte der Vater wegen seiner Erkrankung seine Berufstätigkeit aufgeben müssen. Aus diesem Grund musste die Familie noch im selben Monat aus der mondänen Dienstwohnung ausziehen, die sie sechs Jahre zuvor im Bahnhof Denfert-Rocherau bezogen hatte. Zusammen mit dem Hausmädchen Clémentine, die seit den Kindertagen Madeleines zum Hausstand der Delbrêls zählte, suchten sich die Delbrêls mit ihrer 19-jährigen Tochter eine Etagenwohnung am nahe gelegenen Place St. Jacques.

Um beiden Eltern von den Strapazen des Umzugs – mehr aber noch von den täglichen Spannungen in ihrer Ehe – Erholung zu ermöglichen, entschloss sich Madeleine, mit ihrem Vater für einige Monate nach Mussidan zu fahren. Auch sie selbst hatte dringend Erholung nötig, denn seitdem Jean sich von ihr getrennt hatte, hatte sie stark abgenommen. Man weiß, dass sie sich im Jahr 1925 sogar einige Wochen in einem Sanatorium pflegen lassen musste. Der Gedanke an den Tod war für sie inzwischen zwar religiös gewandelt, aber noch immer gegenwärtig. Noch im Sommer 1926 schrieb sie an ihre Freundin Louise Solonne: «Der Tod beginnt schon mit dem Leben; alles Wachstum wird durch Zerstörung und Tod begleitet. Das ist das Ende, das Ende im Sinne, dass es das Ziel des Lebens ist (...) wie der Hl. Paulus sagt.»[53]

Abb.: In den Jahren 1924–1934 bewohnte die Familie Delbrêl mit dem Hausmädchen Clementine eine der unteren Wohnungen im Haus Place St. Jaques Nr. 78.

Zunächst aber gaben ihr die Stille und Abgeschiedenheit von Mussidan die Möglichkeit, sich Ruhe zu gönnen und viel zu lesen. Sie begann sich mit den Schriften der großen Karmelheiligen zu beschäftigen. Sie las die «Seelenburg» und den «Weg der Vollkommenheit» von Teresa von Avila, Schriften des Johannes vom Kreuz und Elisabeths von der Dreifaltigkeit. Sicherlich ist ihre Lektüre dieser karmelitischen Heiligen auch im Rahmen der Verehrung Thereses von Lisieux zu sehen, die im Jahr 1925, als Madeleine in Mussidan weilte, heiliggesprochen wurde. Aber es ist nicht nur die Theologie des Karmels, in die sich Madeleine vertiefte: «Gott wollte indes, dass ich in der Zeit, in der ich ihm begegnet bin, ein ganzes Jahr in einer einsamen Gegend fern von allen und allem verbrachte. Freunde hatten mir einen Stapel Bücher mitgegeben und während eines Jahres studierte ich Theologie auf meine eigene Weise.»[54] So nutzte sie den langen Aufenthalt in Mussidan als Gelegenheit, sich theologischen Privatstudien zu widmen. Sie nahm die Schriften der Kirchenväter zur Hand, machte Notizen zu Blaise Pascal, John Henry Newman, Jacques Bénigne Bossuet und Henri Bergson,[55] schrieb fast 30 Karteikarten über die theologische Schule Port Royal und studierte ausführlich das – offensichtlich von der Theologie Johann Adam Möhlers beeinflusste – Werk des Jesuiten Jean-Baptiste Terrien «Die Gnade und die Glorie».[56]

Dabei ist auffällig, dass sie einerseits die Literatur der damals vorherrschenden neothomistischen Theologie studierte, die an der Tradition festhalten wollte, ohne sich auf die Veränderungen der Moderne einzulassen: Etienne Gilson, A.-D. Sertillanges und Réginald Garrigou-Lagrange waren damals zeitgenössische Theologen, die ihr in ihren Schriften zwar die Theologie des großen Denkers des Mittelalters, Thomas von Aquin, vermittelten, zugleich aber den Zugang der Kirche zur modernen Welt ablehnten. Andererseits las sie ebenso andere Autoren ihrer Zeit, deren Bemühen in eine ganz andere Richtung ging: Paul Claudel, Charles Péguy, Léon Bloy, Jacques Rivière, Ernest Psichari, Jacques Maritain und andere christliche Schriftsteller suchten Wege, den Glauben mitten in der Welt leben zu können. Briefe Madeleines aus den Jahren 1927 und 1928 bezeugen, dass sie sogar Zugang zum Literatursalon von Claudel hatte.[57] Ihr weltoffenes

Denken wurde ebenso wie ihre Sprache vor allem von diesen Schriftstellern geprägt. Die meisten von ihnen hatten – ähnlich wie Madelein selbst – einen Bekehrungsweg vom atheistischen Intellektualismus zum katholischen Glauben vollzogen und brachten die eigenen Glaubenserfahrungen in ihre literarischen Werke ein. Von diesen Schriftstellern angeregt, sah auch Madeleine unmittelbar nach ihrer Bekehrung ihren Weg darin, ihre künstlerische Begabung als religiöse Aufgabe zu verstehen und in den Dienst der Menschen zu stellen. Für sie war die Kunst «eine Form der Religion».[58] Aus den Briefen an ihre Freundin Louise Solonne geht hervor, dass sie sich in dieser Zeit als Künstlerin, als Schriftstellerin verstand, die eine Aufgabe zu erfüllen habe. Über ein Prosawerk, das sie über «Kunst und Mystik» schrieb und zu dem sie sicherlich durch die damalige Diskussion um die Frage nach einer «reinen Poesie» angeregt wurde, berichtete sie ihrer Freundin mit folgenden Worten: «Mein Buch ist einzig ein Buch des Apostolats.»[59]

Vor allem aber schrieb Madeleine Gedichte. Für ihre Gedichte, die sie zwischen 1922 und 1926 unter dem Titel «La Route»[60] zusammenfasste, erhielt sie 1926 den begehrten Sully-Prudhomme-Preis. Ihre Gedichte sind unübersehbar von den dichterischen Leistungen Claudels und Péguys angeregt worden, die auch den Stil ihrer späteren Schriften und Vorträge beeinflussten. Dass diese Gedichte stark biographisch geprägt sind und sie mit «La Route» ihren eigenen Weg beschreibt, den sie in den letzten Jahren gegangen war, kann an manchen dieser Texte abgelesen werden. Folgendes Gedicht lässt an ihren nun vollzogenen Abschied von Jean Maydieu denken:

Der verschlossene Garten

Mein alter Freund, erinnerst du dich
an den Tag, an dem wir
den schönen Garten unserer Freude kennen lernten?
Der Sommer hielt ein grünes Zepter in die Höhe
und der weite Himmel war
mit einem Seidenkleid reich bedeckt.

Auf üppigen Hügeln
pflückten Liebende verstohlen
prächtige Sträuße.
Und Bienen bestäubten mit ihren goldenen Leibern
die kostbaren Knospen
verborgener Blütenblätter.

Wie betörende,
Blumen rupfende und pflückende Faune
zog die kindische Ausgelassenheit vorüber,
ernsthaft und einfach wie ein Schäfer
erntete im Obstgarten der Traum
reife, zarte Pflaumen.

Aber als wir – erinnerst du dich, mein alter Freund? –
die Pflaumen und die Rosen pflücken wollten,
dem Summen der Bienenschwärme
und den Göttinnen der Brunnen lauschen wollten,
waren alle Pforten verschlossen.[61]

Mit dem Geld, das ihr der Literaturpreis eingetragen hatte, konnte Madeleine nicht nur ihre Gedichte in einem Verlag veröffentlichen, sondern im Sommer 1926 noch eine Reise nach Belgien und eine Wallfahrt nach Lourdes unternehmen. Als sie schließlich nach beinahe zwei Jahren großer psychischer Belastung – Mitte Oktober 1926 – nach Paris zurückkehrte, war sie von ihren Überlegungen, in einen Orden einzutreten, abgekommen. Aber die Rückbindung an Gott ohne eine vertiefende Rückbindung an die Gemeinschaft der Menschen, die an Gott glauben, war für sie nicht denkbar. Den Weg, sich in der Kirche einzuwurzeln, wählte sie allerdings nun nicht in einem Kloster, sondern in ihrer Pfarrgemeinde. Es war für Madeleine selbstverständlich, dass sie nach ihrer Rückkehr aus Mussidan sogleich die ihrem Elternhaus am nächsten gelegene Kirche aufsuchte.

In einem Brief an Louise schreibt sie darüber:

«Du fragst mich nach meiner Kirche. Es ist Saint-Dominique, eine neue und bescheidene Kirche, die in Form einer Moschee in einer ärmlichen Straße liegt. Manche finden sie schön, andere hässlich; mich interessiert das nicht: Ich liebe sie; das ist alles. Weißt Du, das kommt daher, dass man mit dem Bau anfing, als der Gute Hirte mich noch nicht auf seine Schultern genommen hatte. Sie war noch sehr kahl, als ich langsam und voller gespannter Hoffnung zu ihr kam. (...) Sie liegt zwei Schritte von zu Hause entfernt. Ich gehe über den Boulevard Saint-Jacques, biege 50 Meter in die Straße Tombe-Issoire ein und bin da. Schon dieser kurze Weg ist voller Erinnerungen; ich bin ihn auf so vielerlei Weisen gegangen...»[62]

Wenige Monate, nachdem Madeleine wieder nach Paris zurückgekehrt war, fällte sie zu Ostern die Entscheidung, mitten in der Welt wie in einem Orden die so genannten evangelischen Räte der Armut, der Ehelosigkeit und des Gehorsams leben zu wollen. Am Karfreitag 1927 schrieb sie an ihre Mutter: «Nach Tagen des Nachdenkens, Betens und der Prüfung bin ich sicher, den Willen unseres Herrn zu tun, wenn ich in der Welt bleibe und dort für ihn arbeite.» – Welche Geschehnisse hatten sie in der Zwischenzeit zu einer solchen Entscheidung bewogen?

Abb.: Die 1921 eingeweihte Kirche Saint Dominique, zu deren Pfarrei Madeleine gehörte. Hier lernte sie Ende 1926 Abbé Lorenzo kennen.

3

In den Jahren 1927 bis 1933 war Madeleine bei den Pfadfindern tätig

3. Die Gott-Begeisterte

«Alles, was diese Liebe zu Gott und für Gott erfordert, die Weigerung, das Ziel oder die Aufgaben anderswo als in ihm festzumachen, wie es in dem so genannten ‹kontemplativen Leben› geschieht: das waren für mich die einzigen Adern meiner Goldmine. Ich dachte daran, sie mein Leben lang auszugraben, bis zu dem Tag, an dem ich Abbé Lorenzo kennen lernte.»[63] So beschrieb Madeleine rückblickend die Bedeutung, die der junge Kaplan Jacques Lorenzo (1893–1958) für sie bekam, der in ihrer Pfarrkirche St. Dominique wirkte. Abbé Lorenzo war gerade erst Kaplan der Gemeinde St. Dominique geworden, als ihm die zurückhaltende Madeleine auffiel, die regelmäßig dort die Kirche besuchte. 30 Jahre lang sollte er ihr Beichtvater und ihr engster Vertrauter werden. «Ich verdanke ihm viel von dem, was jetzt zu meinem Wesen gehört»[64], schrieb sie ihren Gefährtinnen kurz nach seinem Tod, der ihn am Dreikönigstag 1958 in einer Metro beim Brevierlesen überrascht hatte. «Das Evangelium, von dem er gesagt hatte, das man es überall leben könne, hat er bis zum Ende gelebt: Jesus, ‹der als Armer auf dem Holz geboren wurde und auf dem Holz starb› vergönnte ihm, ihn auf diejenige ‹rustikale› Weise nachzuahmen, die der Pater Lorenzo liebte: für ihn wurde die Bank einer Metro ein kleines bisschen zu einem Kreuz»[65], schrieb Madeleine in einem Nachruf.

Abb.: Madeleine Delbrêl mit ihrem geistlichen Begleiter und Beichtvater Pére Lorenzo (1893–1958).

Abbé Lorenzo war mit der Jugendarbeit der Gemeinde betraut worden und hatte dort eine Pfadfindergruppe ins Leben gerufen – zu einer Zeit, als sich die wenige Jahre zuvor gegründete französische Pfadfinderbewegung des größten Zulaufs erfreute. Der junge Kaplan erkannte sehr bald die Begabung Madeleines und versuchte, sie für die Pfadfinderbewegung zu gewinnen. Er war erfolgreich: Schon wenige Monate, nachdem sie wieder nach Paris zurückgekehrt war und mit ihren Eltern am Place St. Jacques lebte, berichtete sie ihrer Freundin Louise: «Da ich ohne Arbeit bin, habe ich mich dazu entschlossen, mich bei den Scouts zu engagieren.»[66]

Kaplan Lorenzo übertrug ihr sogleich die Aufgabe, eine Gruppe von «Wölflingen» zu leiten. Damit waren ihr Jungen zwischen 8 und 12 Jahren anvertraut. Die Phantasie, die Kreativität und der Ideenreichtum der künstlerisch ambitionierten Madeleine fanden hier ungeahnte neue Möglichkeiten, sich zu entfalten. «Abeille Joyeuse» – «Fröhliche Biene» – wurde sie liebevoll von ihren Schützlingen genannt.

Die Situation, die sie zu Hause ertragen musste, blieb indes unvermindert schwer. Die neue Aufgabe wurde für Madeleine zu einer erfüllenden Abwechslung: «Ein Bild unseres Hauses: Mein Vater immer im Bett. Mama in einem anderen mit einer nervösen Erschöpfung, die mich beunruhigt. Meine Großmutter, an diesem Morgen aufgestanden, wird das dritte gleich wieder belegen. Ich verbringe den Tag mit ihnen, mit ein paar kurzen Abstechern zu meiner lieben ‹Meute›, die glücklicherweise ganz in der Nähe ist.»[67]

Abb.: Madeleine als Leiterin von «Wölflingen» – einer Gruppe von 8 bis 12-jährigen Jungen.

Aber weder die Pflege ihrer Eltern noch das Engagement bei den Pfadfindern hinderten sie zunächst daran, ihren nach wie vor intellektuellen und künstlerischen Neigungen nachzugehen, wie sie in einem Brief an die Freundin Louise schrieb: «Ich habe viel Mauriac gelesen, der ein schroffes und gefährliches Talent hat. Und ein bisschen Cocteau. Daneben lese ich als ernste Lektüre Barres und Psichari, über die ich eine Studie vorbereite. Ich lese und erhalte Gnaden wieder zurück! Ich habe fast den gesamten Teil der Psychologie einer Philosophievorlesung abgeschlossen, die ‹Seelenburg› von Teresa von Avila und ‹Gott› von Thomas von Aquin. Auf meinem Arbeitstisch habe ich meine Vorbilder in Papier aufgestapelt: Johannes vom Kreuz, Teresa von Avila, die Bibel (kein Vorbild), Bossuet, Thomas v. Aquin, Hl. Katharina von Sienna, Heinrich Suso, Pascal, die Nachfolge Christi, Racine, Valéry, Franziskus, Villon, Psichari, Péguy, Claudel, Baudelaire. Über meinem Tisch hängt ein Landschaftsbild von Léon Félix– von einer Landschaft, die ich sehr liebe...»[68]

Dieselbe intellektuelle junge Frau veranstaltete zugleich auf Pfadfinderlagern Wettrennen, Sackhüpfen, spielte Theater und ließ sich auf die verschiedensten Spiele ein. Ihrer Freundin schilderte sie lebhaft, was für eine geistige und praktische Schulung sie durchlaufen musste, um Gruppenführerin zu werden: «Ich mache eine Übung nach der andere, ich krieche auf allen Vieren, springe, singe usw. – lauter sportliche Betätigungen, die mir ziemlich fremd waren, das kannst Du mir glauben.»[69]

Schon bald beschränkte sich das Engagement Madeleines nicht nur auf ihre Gruppenleitertätigkeit bei den Pfadfindern. Zusammen mit anderen Frauen ihres Alters begann sie sich auch für kranke und alte Menschen in ihrer Pfarrei St. Dominique einzusetzen. Als auch Frankreich von den Folgen der Weltwirtschaftskrise ergriffen wurde, gehörte Madeleine zu den Gemeindemitgliedern, die auf Geheiß von Abbé Lorenzo Nahrungsmittel und Kleidung an die Hilfsbedürftigen der Pfarrei verteilten. Auf diese Weise kam Madeleine zum ersten Mal mit der Not und dem Leid von Menschen in Berührung, die aufgrund der Arbeitslosigkeit am Rande des Existenzminimums leben mussten und zur damaligen Zeit auf keinerlei staatliche Unterstützung hoffen durften.[70]

Abb.: Ihre Aktivitäten bei den Pfadfindern waren vielfältig: Hier spielt Madeleine Theater.

Es ist daher fraglos dem prägenden Einfluss Abbé Lorenzos zuzuschreiben, dass sich die Spiritualität Madeleines nach und nach von einem ästhetisch-künstlerischen Interesse zu einem tatkräftigen sozialen Engagement wandelte. Ihr Briefwechsel mit Louise Solonne belegt diese Entwicklung eindrücklich: «Die Künstler sind die religiösesten Leute dieser Welt, sie haben ihren Gott, ihre Moral und, wenn ich das so sagen kann, ihre Mystik»[71], schrieb Madeleine noch im Januar 1928 begeistert an ihre Freundin. Und nur wenige Tage später bekannte sie: «Ich gebe mich nach wie vor viel der Pfadfinderbewegung hin. Gerade hat man mir einen neuen Posten angeboten, der mir etwas Angst macht, aber der, glaube ich, sehr interessant ist: Ich habe nun für den Süden von Paris und die Vorstädte das Aufsichtsrecht und das Recht zur Ausdehnung. Wenn Du wüsstest, was die Vorstädte für mich bedeuten …»[72] Madeleine, die damit frisch zur Kommissarin des Distrikts Paris-Süd ernannt worden war, plante sogleich, in den südlichen Vororten von Paris Pfadfindergruppen ins Leben zu rufen. «Wie inbrünstig ich wünschte, dort viele Pfadfinderleiterinnen hinzuschicken, damit die armen von Hass geprägten Jugendlichen eine fröhliche Familie und den Geist der Liebe kennen lernen könnten.»[73]

Diese Entwicklung von der Beschaulichkeit zu tatkräftigem Handeln und sozialem Einsatz bezeichnete Madeleine selbst als die «Explosion des Evangeliums»[74], welche die Begegnung mit Abbé Lorenzo in ihr ausgelöst hatte. Durch diese umwerfende Erfahrung bekam das Evangelium für sie eine entscheidende neue Dimension:

> *«Das Evangelium ist nicht nur ein Buch der Kontemplation, der Anbetung und der Offenbarung eines Gottes, der verkündet werden will. Es ist mir darüber hinaus zu dem Buch geworden, das – in den Händen der Kirche – sagt, wie man leben soll, um anbeten zu können, und wie man in der Anbetung leben soll: Leben, um anzubeten und in der Anbetung zu leben. Leben im Hören auf die Frohe Botschaft und sie verkünden. Das Evangelium ist nicht nur das Buch des lebendigen Herrn, sondern auch das Buch des Herrn, den man leben soll.»*[75]

Der Kurswechsel ihrer Spiritualität hatte auch jene Entscheidung nach sich gezogen, die sie ihrer Mutter am Karfreitag 1927 mitgeteilt hatte: Sie wolle nicht in einem Karmel, sondern im konkreten Alltag ein Leben nach dem Evangelium verwirklichen. Seit ihrer Bekehrung war sie einen geistlichen Weg der Beschaulichkeit und Anbetung gegangen; sie hatte Gott erkennen dürfen. Jetzt entdeckte sie nach und nach den Menschen. Durch die «Explosion des Evangeliums» zerschmolzen die Liebe zu Gott und die Liebe zum Nächsten für sie zu einer Einheit, zu einer «indivisible amour»:

> *«Von diesem Augenblick an war es mir nicht mehr möglich, das Evangelium zu zerteilen: die Beispiele, die Jesus uns gegeben, die Forderungen, die er aufgestellt hat, die Taten und die Anliegen, welche gewissermaßen die beiden Hauptgebote prägen, von denen das zweite nur deshalb so groß ist, weil es dem ersten gleicht.»*[76]

Sie begriff mehr und mehr, dass der Wille, das Evangelium zu leben, ein Prozess ist, der den ganzen Menschen beansprucht, der nicht nur geistige Hinwendung zu Gott bedeutet, sondern vor allem die Hinwendung zum Mitmenschen. Zeit ihres Lebens wird sie zwar ihre eigene Spiritualität und die der Frauengruppe, die sich schon in St. Dominique um sie herum zu formieren begann, als «kontemplativ» bezeichnen, aber die sozial-karitativen Wurzeln ihrer Berufung sind überdeutlich. Diese haben ihren Ursprung in zwei Formen sozialen Engagements, die im frühen zwanzigsten Jahrhundert in Frankreich erst aufzukeimen begannen: die Pfadfinderbewegung und die Sozialarbeit. Beide beriefen sich auf die Wegbereitungen Marc Sangniers, der 1893 eine katholische Laienbewegung, den «Sillon», ins Leben gerufen hatte, die sich soziale und politische Aufgaben zu Eigen gemacht hatte.

Bisher hatte Madeleine in der Welt der Kunst und der Literatur zurückgezogen gelebt, als bürgerliche Intellektuelle ihre Zeit mit dem Besuch von Philosophievorlesungen verbracht und nach ihrer Bekehrung theologische Werke studiert. Nun entdeckte sie unter dem Einfluss von Père

Lorenzo eine neue Dimension menschlichen Seins: Sie wurde durch ihre Arbeit mit den Pfadfindern und den Menschen ihrer Pfarrei auf die vielfältigen Formen menschlicher Not aufmerksam. Das Leiden der Menschen erhielt für sie ein Gesicht, was an ihren späteren Texten abzulesen ist:

> *«Herr, Herr, gib wenigstens, dass die Kruste, die mich bedeckt, dir kein Hindernis sei. Geh durch. Meine Augen, meine Hände, mein Mund sind dein.*
> *Diese so traurige Frau mir gegenüber: hier ist mein Mund, damit du ihr lächelst. Dieses vor lauter Blässe fast graue Kind: hier meine Augen, damit du es anschaust. Dieser so müde, müde Mann: hier ist mein ganzer Leib, damit du ihm meinen Platz gibst, und meine Stimme, damit du ihm leise sagst: ‹Setz dich!›»*[77]

Dennoch war auch das soziale Engagement für sie nicht gleichbedeutend mit dem, was sie «das Evangelium als Regel zu leben» nannte. Sie war nun beseelt von dem Gedanken, nicht wie in einem Orden zu «einem bestimmten Verhalten, einer bestimmten Gebärde Christi» berufen zu sein, sondern in den unterschiedlichen Anforderungen des Alltags «für jeden das zu sein, was Christus war». Eine solche Berufung, die keinen Schwerpunkt auf ein bestimmtes Aufgabengebiet legt, sah sie beispielhaft in Franziskus, Benedikt Labre und Katharina von Siena verwirklicht.[78] So wollte Madeleine Delbrêl das Evangelium nicht anders verkünden als dadurch, es in erster Linie zu sein.

Um sich jedoch zu einem Wort Gottes umgestalten zu lassen, sind nach Madeleine Delbrêl – wie sie auch in ihren späteren Schriften immer wieder hervorhob –, verschiedene persönliche Schritte notwendig. Zunächst müsse man sich dessen bewusst werden, dass das Evangelium nicht so wie andere Bücher zu verstehen sei: «Das Evangelium aber ist nicht ein Buch unter Büchern. Nicht Menschenwort unter Menschenworten. Es ist das Sprechen des Wortes Gottes.»[79] Sein Wort aufzugreifen hieß für sie, es zu ergreifen, um von ihm ergriffen zu werden. Das bedeutet, in einem noch so gewöhnlichen Alltag ganz konkret mit dem Evangelium zu leben. Ihr Leben erteilt auch uns Heutigen praktische Hinweise für einen «ständigen, hartnäckigen und konkreten Rekurs auf das Evangelium». So trug sie z. B. immer ein Neues Testament mit sich herum und hatte darin die ihr wichtigen Stellen unterstrichen. Begegnete ihr jemand, der kein Evangelium besaß, verschenkte sie das ihre einfach – selbst wenn es noch so zerlesen war. Noch heute besitzen eine ganze Reihe ihrer Freunde solche handlichen Evangelienausgaben von ihr. Mit dem Evangelium zu leben, war für sie so wichtig, dass sie ihren Gefährtinnen riet, einfach eine größere Tasche zu nehmen, wenn das Neue Testament nicht in ihre Handtasche passen sollte. Denn nach dem Wort Gottes zu leben, bedeutete für sie, dem Evangelium selbst noch «zwischen zwei U-Bahnstationen ein lebendiges Wort zu entreißen».

Als Nächstes hob sie hervor, dass sich die Inkarnation des Wortes Gottes im Christen nicht einfach nur durch das Lesen des Neuen Testaments und auch nicht durch ein intellektuelles Studium oder gar textkritisches Umgehen mit dem Evangelium vollzieht. Denn das würde noch lange nicht heißen, dass «sein Licht (...) auf unser Tagwerk, unsere Haltung, unser Handeln einwirken kann». Das Evangelium nur zu lesen, hieße für sie nichts anderes, als «ein kleines Bad im Evangelium» zu nehmen und «dann sein lebendiges Wasser entweder an uns oder am Handtuch verdunsten» zu lassen.[81] Die Verwandlung des Christen in ein lebendiges Evangelium knüpfte sie vielmehr an die Grundhaltung, in Gehorsam und Hingabe «ganz dem Wort Gottes untertan, ganz geschmeidig und beweglich unter dem Antrieb seines Geistes»[82] zu sein. Madeleine Delbrêl war ganz durchdrungen von dem Gedanken, dass «jedes seiner Worte Geist und Leben»[83] ist, und dass der Geist Gottes und sein Leben in den Glaubenden eindringen will. Die Worte des Evangeliums sind für sie wie ein Sauerteig, der den Teig eines auch noch so alltäglichen Lebens angreift, um es in ein neues Leben zu heben.[84] Das Wort Gottes durchsäuert die Christen mit ewigem Leben, denn «was der Herr gesagt hat, vergeht nicht, und durch sein Wort besitzen wir in Gegenwart und Zukunft das ewige Leben».[85] Der Kontakt mit dem Wort Gottes vermittelt nicht nur ewiges Leben, sondern will den Glaubenden selber zu einem ewigen Wort Gottes umgestalten. Das Hören auf Gottes Wort gestaltet den Christen zu Gottes Wort. Madeleine Delbrêl geht sogar so weit, die ersten Verse aus dem Johannesevangelium auf jeden Christen zu beziehen: «Und das Wort ist Fleisch geworden» gilt für Madeleine Delbrêl nicht nur für den Sohn Gottes, sondern für jeden, der auf Jesu Wort hört: «Immer wieder wird durch den Heiligen Geist das Wort Gottes Fleisch [in uns], wird das Wort Gottes wir selbst.»[86] Damit sich die Worte des Evangeliums im Christen verwirklichen können, muss sich der Christ dem Evangelium unterordnen «wie der Gelähmte oder der Hauptmann, bereit, unverzüglich im vollen Gehorsam zu handeln».[87] Das geschieht aber nicht einfach so – wie sie unterstreicht –, sondern damit «‹der Wille des Vaters auf Erden geschehe› in Christus durch den Heiligen Geist, muss unser Leben dem Herrn völlig ergeben sein, geweiht für den Einbruch des göttlichen Lebens. (…) Diese Fülle der Hingabe verlangt die Aktivierung all unseres Vermögens, all unserer Fähigkeiten, unseres ganzen Verstandes und Herzens; unseres gesamten Willens und unserer ganzen Geduld.»[88]

Zusammen mit der Grundhaltung des Gehorsams setzt die Angleichung des Christen an das Evangelium weitere Schritte voraus: Es gilt zunächst, die nötige Zeit einzusetzen, um das Evangelium zu lesen. Das Lesen muss darin einmünden, «das Wort des Herrn zu hören». Dem Hören muss die Haltung folgen, das Wort zu empfangen und es zu bewahren:

> *«Das gehörte Wort muss bewahrt werden, und seine Wirksamkeit in uns hängt von der Art ab, wie wir es in uns bewahren: als ein Saatkorn in der Erde, die wir für das Wort sind.»*[89]

Mit diesen Bildworten des Gleichnisses vom Sämann (Mk 4,20) fordert sie mit Nachdruck die Bekehrung des Christen. Unter Bekehrung versteht sie die Verwandlung in ein neues Leben. Bekehrung ist, so Madeleine, «die Liebe Christi, die Wiedergabe seiner Person in uns, das Eindringen seiner Gegenwart in uns, seine Liebe, die an alle Menschen, denen wir begegnen, ausgeteilt werden soll».[90]

Damit mündet das Verhältnis Madeleine Delbrêls zum Evangelium schließlich in ihr Verständnis von Evangelisation ein. Die «Menschwerdung des Gotteswortes in uns, diese Fügsamkeit, uns von ihm modeln zu lassen; eben das nennen wir Zeugnis geben.»[91] Das Wort Gottes aufzunehmen und es zu verkünden, sind für sie eine einzige Bewegung, die sich im Christen vollziehen sollte. «Ist es einmal in uns Fleisch geworden, so dürfen wir es nicht bei uns behalten: wir gehören fortan denen, die darauf warten.»[92] So verstanden sind die Christen, die sich für das Evangelium zur Verfügung stellen, eine «Art Sakrament». Das aber ist kein statisches Sein, sondern ein dynamischer Prozess, der immer wieder die eigene Bekehrung verlangt. Auf diese Weise werden alle Handlungen und Worte eines Christen zu einem Lebenszeugnis des Evangeliums:

«Nirgendwo als in unserem Leben strömt, von morgens bis abends zwischen den Ufern unserer Häuser, Straßen, Begegnungen das Wort, in dem Gott gegenwärtig sein will. Nirgendwo als in unserem Geist, der uns durch unsere Arbeit, Mühsal, Freude, Liebe hindurch auferbaut, will Gottes Wort wohnen. Jener Satz des Herrn, den wir während einer Frühmesse oder einer Fahrt in der Untergrundbahn dem Evangelium entrissen haben oder zwischen zwei Haushaltsarbeiten oder abends in unserem Bett, darf uns ebenso wenig verlassen als unser Leben und unser Geist.
Er wird uns befruchten, verwandeln, erneuern: den Händedruck, den wir heute zu geben haben, unsere Arbeitsleistung, die Art, wie wir den uns begegnenden Menschen anblicken, wie wir gegen unsere Müdigkeit ankämpfen, einen Schmerzanfall bestehen, in einer Freude erblühen.
Er will überall dort zu Hause sein, wo wir bei uns selber verweilen.
Er will wir selber sein, wo immer wir selber sind.»[93]

Dass man auf Gottes Wort mitten im Alltag hören kann, versuchte Madeleine Delbrêl an einem einfachen Vergleich zu verdeutlichen. Sie forderte ihre Leser auf: Beobachten wir «ein Liebespaar, wenn irgendeine Trennung beide zum Schreiben nötigt. Betrachten wir, welch zentralen Platz die tägliche Post für sie einnimmt. Schauen wir zu, wie sie nach ihren Briefen greifen und wie einen Schatz davontragen. Wie durch ein Wunder finden sie Zeit, endlose Antworten zu verfassen. Schauen wir den Liebenden weiterhin zu, wenn sie Gelegenheit haben, sich nicht mehr bloß zu schreiben, sondern miteinander zu reden. Erwarten sie einen Anruf, so wird sie der ärgste Lärm nicht hindern, das Klingeln zu hören, und schon eilen sie zum Apparat. Sind sie auf belebtesten Straßen beisammen, so verlieren sie kein Wort von dem, was der eine zum andern sagt.»[94] – Ebenso kann, so führte sie weiter aus, nicht einmal der größte Straßenlärm den Menschen davon abhalten, darauf zu hören, was Gott ihm sagen will.

Für sie kommt es auch nicht darauf an, ob derjenige, der mit Gott redet, «das Evangelium aus einer reichen Bibliothek hervorholt oder aus der Tasche seines zerschlissenen Mantels (...); auch nicht, ob er es an einem Haltepunkt seines Lebens oder an einem ganz gewöhnlichen Alltag ergreift; in einer Kirche oder in seiner Küche (...); er greift zwar nach dem Buch, wird aber selber ergriffen werden von den Worten, die Geist sind. Sie werden in ihn eindringen wie das Saatkorn in den Acker, wie die Hefe in den Teig, wie der Baum in die Luft; und wer sich nicht verweigert, kann schlicht zu einem neuen Ausdruck dieser Worte werden.»[95]

Das nannte Madeleine Delbrêl das «große Geheimnis, das im Evangelienbuch verborgen liegt». Dieses Geheimnis führt dazu, dass die Christen auch «in der heutigen Welt und heutigen Zeit hören können, was der Herr von jeher für heute von uns will, für die heute lebenden Menschen, für unsern heutigen Nächsten».[96] Auf diese Weise kann jeder Christ zu einem lebendigen Wort Gottes, zu einer lebenden Neuausgabe des Evangeliums werden:

«Wenn wir unser Evangelium in Händen halten, sollten wir bedenken, dass das Wort darin wohnt, das in uns Fleisch werden will, uns ergreifen möchte, damit wir (...) an einem neuen Ort, zu einer neuen Zeit, in einer neuen menschlichen Umgebung Sein Leben aufs Neue beginnen.»[97]

4

Madeleine als Sozialarbeiterin während des Krieges (um 1941/42)

4. Die Welt-Christin

Madeleine nahm die Ernennung zur hauptverantwortlichen Kommissarin der Scouts de France für den Bereich Paris-Süd an. Zu dieser Zeit aber ahnte sie nicht, welche wegweisende Bedeutung diese Entscheidung für ihr weiteres Leben haben sollte. Zunächst konnte sie jedoch diese neue Aufgabe nicht wahrnehmen. Madeleine, die in den vergangenen Jahren mehrmals im Krankenhaus behandelt werden musste,[98] wurde Anfang 1928 wieder ernsthaft krank: «Der Arzt, obwohl es meinem Magen besser geht, hat in meinem Blinddarm die Ursache meines schlechten Gesundheitszustands gefunden und sieht eine weitere Operation vor. Er will versuchen, sie durch eine etwa dreiwöchige Behandlung in Paris zu verhindern, danach werden wir in die Provence fahren: Cassis vielleicht»[99], schrieb sie im März 1928 ihrer Freundin.

Die Sommermonate verbrachte Madeleine zur Erholung bei ihren Großeltern in Mussidan. Wieder zurück in Paris, nahm sie sogleich ihr Ziel in Angriff, junge Mädchen zwischen 18 und 25 Jahren zu Pfadfinderleiterinnen auszubilden. Diese sollten später eigenständige Pfadfindergruppen in den südlichen Vororten von Paris gründen. Abbé Lorenzo stand ihr bei dieser Aufgabe tatkräftig zur Seite. Unter seiner Leitung trafen sich die jungen Frauen wöchentlich zum Bibelgespräch. Entgegen der damaligen Regel, wonach man das Wort Gottes nur in den geweihten Räumen einer Kirche von einem Priester verkündet hörte, entdeckten Laien Anfang des 20. Jahrhunderts die Bedeutung des Evangeliums für ihr Leben im Alltag. Es ist vor allem dem Einfluss der damals aufkeimenden Laienbewegung der Katholischen Aktion zuzurechnen, dass sich die Frauen mit Abbé Lorenzo jeden Dienstag in der Wohnung der Delbrêls zusammenfanden, um miteinander das Evangelium zu lesen.

Der Abbé muss eine solche Leidenschaft für das Evangelium ausgestrahlt haben, dass er die jungen Frauen für den Gedanken begeisterte, Christus in seiner Liebe zu den Menschen immer ähnlicher werden zu wollen. «Ich kenne keinen einzigen Gläubigen, dem Père Lorenzo nicht das Wort der heiligen Thérèse von Lisieux als Weisung mit auf den Weg gegeben hätte: ‹Meine Berufung ist die Liebe›», schrieb Madeleine über ihn. «Wenn sich Unser Herr Jesus jemandem erklärt hatte, wenn dieser oder jener verstanden hatte, was der Herr von ihm wollte: die Ehe, das Kloster, das Priestertum, die gewählte oder angenommene Ehelosigkeit, dann trat Père Lorenzo aus seinem unbesiegbaren Schweigen heraus und sprach über diese Berufung, als sei sie die einzige Berufung, die auf dieser Welt existierte.»[100]

Schon bald betätigten sich die Frauen auf weiteren Aufgabenfeldern in der Gemeinde von St. Dominique. Sie boten sozial notleidenden Familien ihre Hilfe an und organisierten Besuchsdienste für alte und kranke Menschen. Das überstieg weit ihre ursprüngliche Aufgabe, Jugendliche für die Pfadfinder zu begeistern. Um ihrem gemeinsamen Geist, den sie aus dem Evangelium leben wollten, Ausdruck zu verleihen, gab sich die Gruppe dieser jungen Frauen schon bald einen Namen: «La Charité». Der Name ist auf einen Vorschlag Abbé Lorenzos hin gewählt worden, der in dieser Frauengruppe ähnlich wie in den gleichnamigen Vinzenzvereinen das Ziel sah, Hilfsbedürftige jedweder Art in christlicher Nächstenliebe zu unterstützen.

Im Sommer 1931 gab Abbé Lorenzo für diese jungen Frauen Einkehrtage in Loisail. Ohne sich vorher abgesprochen zu haben, vertrauten einige von ihnen ihm als ihrem Beichtvater den Wunsch an, die Gemeinschaft der «Charité» in eine Lebensgemeinschaft umzuwandeln. Jede würde für ihren Lebensunterhalt selber sorgen und das Leben der Menschen teilen. Obgleich Abbé Lorenzo nicht der Initiator dieser Idee war, ließ er die Frauen, die diesen Wunsch geäußert hatten, zusammenkommen. Er beriet mit ihnen, wie eine solche christliche Hausgemeinschaft von ehelos lebenden Frauen wohl in die Tat umzusetzen sei. Auch Madeleine war unter diesen Frauen. Ob Madeleine ganz am Anfang von Zweifel getrieben oder grenzenlos begeistert war, ist kaum mehr nachvollziehbar. In ihrem kurzen Brief, den sie von Loisail aus an ihre Freundin Louise schrieb, verriet sie mit keinem Wort etwas von diesem Vorhaben, das ihr Leben prägen sollte.[101] Seltener und kürzer wurden nun die Briefe an Louise, mit der sie doch in den letzten Jahren so viele Gedanken über Kunst und Literatur ausgetauscht hatte. Madeleine nahm sich nun kaum mehr Zeit für das Literaturstudium oder dafür, eigene Gedichte und literarische Texte zu verfassen. Es ist anzunehmen, dass Madeleine sich später sogar einen regelrechten Verzicht auf die Ausübung ihres künstlerischen Talentes auferlegte, um sich ganz ihren anwachsenden Aufgaben zu widmen.

Das Projekt, mit einer Gruppe von Frauen ein Leben nach dem Evangelium mitten in der Welt führen zu wollen, nahm von Anfang an viel Zeit in Anspruch. Denn in den 30er-Jahren war es keinesfalls üblich, dass Frauen die «evangelischen Räte» des Gehorsams, der Ehelosigkeit und der Armut außerhalb von Klostermauern und außerhalb eines geregelten Ordenslebens lebten. Madeleine aber war überzeugt davon, dass für die Berufung, mitten in der Welt Christus nachfolgen zu wollen, die Taufe ausreichend sei: «Lasst uns erst einmal die Berufung der Taufe leben, dann haben wir schon mehr als ein Leben lang genug zu tun», pflegte sie ihren Gefährtinnen zu sagen.

Sie sah die Aufgabe der Frauenequipe nicht in spezifischen Aufgabenbereichen der Krankenpflege oder der Armenhilfe, sondern darin, in der jeweiligen Situation für die jeweils anwesenden Menschen «Christus zu sein».[102] Und dafür brauchte es für sie «kein eigenes ‹Familienkennzeichen›. Ein kraftvoll gelebtes Christentum, zu dem die Hingabe in der Ehelosigkeit hinzukommt, müsste meiner Meinung nach genügen»[103], formulierte sie später einmal für ihre Hausgemeinschaft. «Das Ziel der Charité ist bescheiden: Christinnen darin zu unterstützen, ihr Christentum ganzheitlich zu leben, – das Christentum, zu dem jeder Christ kraft seiner Taufe gehalten ist. Mit dem Tag seiner Taufe wird man ein Glied Christi und Sohn und Tochter der Kirche. Das stellt in unseren Augen eine glaubwürdige Hingabe dar, eine furchtbar fordernde Verpflichtung»[104], mit diesen Worten beschrieb Abbé Lorenzo die Berufung der Frauen.

Zwar ließ sich das Ziel der Equipe nicht in die damals bestehenden Gefüge von Ordensstrukturen einbinden, dennoch war es Abbé Lorenzo und

Madeleine daran gelegen, eine offizielle kirchliche Anerkennung für ihr Vorhaben zu erhalten. Deswegen sprachen sie beim Erzbischof von Paris, Kardinal Verdier, vor und konsultierten die verschiedensten erfahrenen Ordensleute. Aus einem späteren Brief Abbé Lorenzos geht hervor, dass er sowohl bei den Dominikanern, als auch bei den Franziskanern, den Jesuiten, den Sulpizianern und den Kapuzinern Rat einholte.[105] Eine freie Wohngemeinschaft von Frauen, die mitten in der Welt ein christliches Zeugnis geben wollten, war zu einer Zeit, in der es noch nicht einmal Säkularinstitute gab (diese wurden erst 1947 ins Leben gerufen) völlig ungewöhnlich. Dennoch wurden Madeleine und Abbé Lorenzo von allen Seiten darin bestärkt, im Sinne der Katholischen Aktion, die erst wenige Jahre zuvor von Papst Pius XI. bestätigt wurde, ihre Berufung als Laien in der Kirche ernst zu nehmen und als Lebensform umzusetzen. Dieses Vorhaben in Ivry ging jedoch weit über das Anliegen der Katholischen Aktion hinaus. Auch wenn die Frauen den spirituellen Anregungen Abbé Lorenzos viel verdankten – für eine Unterordnung unter die Hierarchie, wie die Katholische Aktion sie verstand, waren die Frauen zu emanzipiert und die Bindung an Abbé Lorenzo zu offen.

Das ungewöhnliche Projekt nahm im Oktober 1931 mit einer zweijährigen Vorbereitungszeit seinen Anfang. Da sich die Frauen zur Auflage gemacht hatten, ihren Lebensunterhalt selber zu verdienen, beschloss Madeleine, sich zur Sozialarbeiterin ausbilden zu lassen und trat im selben Monat die dazu vorbereitende einjährige Ausbildung als Krankenschwester an. Auch mit ihrer Berufswahl fällte Madeleine eine emanzipierte Entscheidung, die ihr Verständnis von eigenverantwortlichem christlichen Handeln als Laie in der Kirche prägen sollte. Nicht nur, dass sie sich 1931 in der protestantischen der beiden konfessionsgebundenen Schulen in Paris um die Aufnahme bemühte, sie hatte sich auch für einen Beruf entschieden, der erst wenige Jahre alt war. Erst 1932 wurde in Frankreich durch ein Dekret der Titel «Sozialarbeiter/in» anerkannt, das Diplom für Sozialarbeit sogar erst 1938. Die Tätigkeit als Sozialarbeiterin bot Frauen erstmals die Möglichkeit, sich öffentlich in der Gesellschaft zu engagieren.

Abb.: Madeleine zu Beginn ihrer Tätigkeit als Sozialarbeiterin in Ivry (um 1934).

Die Suche nach einer glaubwürdigen christlichen Lebensform inmitten der Welt erhielt noch einen weiteren Impuls durch ein Buch, das erst wenige Jahre zuvor erschienen war: die Biographie des Lebemannes Charles de Foucaulds, der nach seiner Bekehrung ein beschauliches Eremitendasein in der Sahara gelebt hatte.[106]

«Von Pater de Foucauld haben wir gelernt, dass man, wenn man sich der Welt hingeben möchte, akzeptieren muss, alle Taue zu kappen, um sich ‹in die Weite› zu begeben. Aber es ist nicht notwendig, dass diese Weite in den Mauern eines Klosters eingefasst sein muss. Sie kann ihren Platz auch in der ‹Klausur› aus trockenen Steinen im Wüstensand haben; sie kann ihren Platz in einem afrikanischen Wohnwagen haben, in einem unserer Häuser, in einer unserer Werkstätten, auf einer Treppe, die wir hinaufgehen, in einem Omnibus, den wir nehmen. Die Weite findet man, indem man die enge ständige Klausur der Liebe zum Allernächsten annimmt. Jedem Menschen, dem man begegnet, die ganze vollkommene Liebe zu schenken, sich von der ständigen und fordernden Abhängigkeit einnehmen zu lassen, die Bergpredigt ganz natürlich zu leben, das ist die Pforte zur Weite, die enge Pforte, die sich auf die universale Liebe hin öffnet.»[107]

Auch wenn sich die Frauen nicht in die Strukturen eines Ordens einbinden lassen wollten, so war es ihnen dennoch ein Anliegen, ihrer missionarischen Lebensform feste Strukturen zu geben. Die strengen Formen des Karmels, aber auch das Direktorium Charles de Foucauld standen ihnen vor Augen, als sie mit Abbé Lorenzo eine eigene Regel formulierten. Das «Directoire Spirituel des Charités en Mission», wie sie es großartig nannten, umfasste Vorgaben zum Gebetsleben, zum Stillschweigen, zu Demut und Gehorsam, zur Armut, Ehelosigkeit und Enthaltsamkeit, zu Arbeit und Apostolat. Alle Fragen, auch die des Gemeinschaftslebens und der festen Anbindung an die Pfarrei, waren genau und streng geregelt.

Als Kommissarin des Bereichs Paris-Süd hatte Madeleine den alten Pfarrer des südöstlich von Paris gelegenen Vorortes Ivry, Abbé Soutif, kennen gelernt. Er bot den Frauen an, in das notdürftig eingerichtete Pfarrhaus der erst vor kurzem errichteten Kapelle St. Jean Baptiste von Ivry-Plateau zu ziehen, dort eine Sozialstation aufzubauen und für den Katechismusunterricht Sorge zu tragen. Nun wurde das Projekt konkret. Abbé Lorenzo setzte Exerzitien im Dominikanerkloster von St. Maur an, um die Frauen auf den Beginn ihres neuen Lebensabschnittes vorzubereiten. Als er im großen Saal des Klosters feierlich an das Rednerpult trat, saßen jedoch nur drei Frauen verloren zwischen lauter leeren Stühlen: Madeleine Delbrêl, Suzanne Lacloche und Hélène Manuel, die nicht wussten, ob sie lachen oder weinen sollten.

Der Beginn der Lebensgemeinschaft, dieser kleinen Equipe, war auf den Festtag der großen Karmelheiligen Teresa von Avila, am 15.Oktober 1933 festgelegt worden. Am Vorabend traf sich die kleine Gruppe in der Werkstatt eines befreundeten Künstlers, der für sie eine selbst gefertigte Marienstatue bereithielt. Abbé Lorenzo übergab dort den drei Frauen wie bei einem

Abb. oben: Die Equipe bezog zunächst das Pfarrhaus der zwei Jahre zuvor errichteten Kirche St. Jean-Baptiste in Ivry-Plateau. Hier gründete Madeleine eine Sozialstation (links der Kirche).

Abb. unten: Hélène, Madeleine und Suzanne am Tag ihres Aufbruchs nach Ivry am 15.10.1933.

Eintritt in einen Orden feierlich drei Kreuze. Am nächsten Tag verabschiedeten eine Hand voll Freunde die kleine Equipe am Place d'Italie, die sich jetzt mit der Straßenbahn nach Ivry in eine neue Welt aufmachten.

Als Madeleine ihren Entschluss in die Tat umsetzte, bedeutete dies zugleich eine Trennung von den Eltern. Während die Mutter die Entscheidung ihrer Tochter unterstützte, war der Vater vehement dagegen. Nur ein Jahr, nachdem Madeleine ihre vermittelnde Rolle zwischen den Eltern aufgegeben hatte, zerbrach die Ehe der Delbrêls. Es fiel Madeleine nicht leicht, aber sie besuchte ihre Eltern regelmäßig. Dabei blieb vor allem das Verhältnis zum Vater zeitlebens sehr belastet.

Ivry war ursprünglich ein Dorf von Weinbauern und Landwirten, aus welchem das nahe gelegene Paris Milchprodukte und Wein bezog und das von der städtischen Bevölkerung als Sommerfrische aufgesucht wurde. Als Madeleine, Suzanne und Hélène nach Ivry kamen, kündete von einer solchen Idylle nur noch die aus dem achten Jahrhundert stammende Pfarrkirche im Zentrum der Stadt. Denn schon damals prägten weder der alte Glockenturm von St. Pierre et Paul noch die drei weiteren, um 1910 errichteten Kirchen das Stadtbild von Ivry, sondern die Schornsteine von etwa dreihundert Fabriken. Heute zeigt der Blick vom alten Friedhof aus vor allem die Kulisse sozialer Wohnungsbauten. Schon einige Jahre, bevor Madeleine nach Ivry kam, hatte die kommunistische Stadtverwaltung 1928 damit begonnen, Sozialwohnungen zu errichten.

Abb.: Die romanische Pfarrkirche von Ivry zwischen Sozialbauwohnungen.

In einem solchen «Milieu, das der Kirche unzugänglich ist»[108], wollten die drei jungen Frauen nur durch ihre Lebensgemeinschaft ein christliches Zeugnis mitten unter der Arbeiterbevölkerung geben. «Die Charité de Jesus will Gott und der Kirche Seelen zur Verfügung stellen, die entschieden das Evangelium ohne Vorbehalt leben und den Priestern und den Pfarreien dienen»[109], hatten sie 1933 in ihrer Regel formuliert. Schon unter der Begleitung Abbé Lorenzos hatten sie ja in der Pfarrei St. Dominique soziale Hilfeleistungen angeboten. Jetzt wollten sie den Pfarrer von Ivry darin unterstützen, die Jugend- und Pfadfindergruppen der am Rande von Ivry gelegenen jungen Gemeinde von St. Jean Baptiste anzuleiten. Mit einer Praktikantin aus der Schule für Sozialarbeit, die Madeleine selber besucht hatte, begannen sie sogleich auch mit dem Aufbau einer Sozialstation. Die Bedingungen schienen gut geeignet, um zusammen mit Hélène und Suzanne ein Haus der offenen Tür und der christlichen Nachbarschaftshilfe so leben zu können, wie sie es sich zum Ziel gesetzt hatten:

«Diese Gruppe will das Evangelium leben: Sie setzt sich der Botschaft Christi aus und will von dieser mit ihrem eigenen Leben eine kühne und realistische Ausgabe sein. Sie glaubt vor allem an dieses Apostolat des Lebens.»[110]

Doch das strahlende christliche Zeugnis, das sie geben wollten, wurde zunächst gar nicht wahrgenommen. Im Gegenteil: Die Frauen mussten schmerzlich erfahren, dass sie von den Kommunisten abgelehnt wurden: «Sobald man festgestellt hatte, dass wir zu den ‹Pfaffen› gehörten, bekamen wir auf der Straße Steine nachgeworfen, wie die Geistlichen selbst welche erhielten.»[111] Und auf der anderen Seite erwarteten die katholischen Gemeindemitglieder von den neu zugezogenen Frauen, dass sie sich eindeutig ablehnend gegenüber den Kommunisten verhalten sollten: «Die Christen unserer Pfarrei versorgten uns mit einer Liste, auf der die kommunistischen Geschäfte genau aufgeführt waren, bei denen wir ohne Verrat nicht einkaufen durften.»[112] Auf diese Weise wollten sich Madeleine und ihre Gefährtinnen jedoch keinesfalls vereinnahmen lassen.

Aus der Erfahrung heraus, für die Bevölkerung ohne Vorbehalte da sein zu können, forderte Madeleine Konsequenzen: «Man kann doch mit seinem ganzen Glauben das Bedürfnis der Welt verspüren, Christus in sich zu tragen», schrieb sie im März 1935 an Hélène und kritisierte die Weltferne der Pfarrgemeinden: «Den Pfarreien sind in der heutigen Welt die Hände bis zum Ellenbogen gebunden. Diejenigen, die nicht Gemeindehelferinnen sind, ersetzen nach meiner Meinung die ‹Unterarme› dieser amputierten Glieder.»[113] Die drei Frauen erkannten, dass sie einen weit besseren Zugang zum Arbeitermilieu erhalten würden, wenn sie sich von einer allzu einengenden Gemeindearbeit distanzierten. Sie beschlossen daher, sich von einer engen Bindung an die Pfarrei, die ihre missionarische Berufung einschränkte, zu lösen. 1935 bezogen sie ein einfaches Reihenhaus in der Rue Raspail, das die Equipe noch heute zur Miete bewohnt.

Mit dem Wohnungswechsel waren die Frauen sowohl dem kommunistischen Rathaus als auch der Hauptkirche von Ivry, St. Pierre et Paul, räumlich nähergekommen, wo seit Januar 1934 Abbé Lorenzo Pfarrer geworden war. Während seiner Amtszeit begannen sich die verfeindeten Katholiken und Kommunisten einander anzunähern. Abbé Lorenzo nahm beispielsweise an der Initiative der kommunistischen Partei der «main tendue», zu der Maurice Thorez am 17.4.1936 aufrief, teil. Als Lorenzo jedoch einige Jahre später im Priesterseminar der Mission de France eine leitende Aufgabe übernahm und Ivry im Jahr 1942 verließ, löste sich auch die Zusammenarbeit der Frauenequipe mit der Pfarrei von Ivry. Der Nachfolger Abbé Lorenzos, Abbé Ketler, brachte für die weltoffene Spiritualität der Gruppe leider kein Verständnis auf.

Abb.: Das Haus der Rue Raspail Nr. 11, das die Equipe bis heute zur Miete bewohnt.

Für Madeleine gab diese Situation Anlass zur offenen Kritik. Sie bezeichnete die Pfarrgemeinde als «eine kleine Herde, glücklich über ihren Glauben, denen, die nicht zu ihr gehören, unverständlich. Eine alte Kirche, geduckt wie eine Glucke, ihre Gläubigen unter ihren Flügeln warmhaltend».[144] In ihren Augen sollte die Kirche für die Bevölkerung offen sein, um ein christliches Zeugnis geben zu können.

Gegenüber dem späteren Pfarrer von Ivry, Abbé Widemann, kritisierte sie erneut in einem Brief, «dass die Pfarrei von Ivry-Centre als Gemeinde fast völlig von jeglichem nichtgläubigen Milieu abgeschnitten ist und dass zudem der größte Teil der Gläubigen, aus denen die Pfarrei besteht, geistlich von der nichtgläubigen Umgebung getrennt ist, in der sie leben. (…) Und was noch schlimmer ist: Viele nehmen diesen nichtgläubigen Kreisen gegenüber eine oft gleichgültige, bisweilen auch feindselige Haltung ein. (…) Das kommt wahrscheinlich daher, dass der Ausgangspunkt stets dieser Pfarrbezirk ist, der keine Liebe zu dem hat, was ‹draußen› liegt.» Die Pfarrmitglieder seien sich des Bildes, das sie den Ungläubigen vermittelten, nicht bewusst. Neukonvertierte und suchende Atheisten fänden in der Pfarrei keine Antworten auf ihre Fragen. Von ihrem Pfarrer forderte sie daher das Bewusstsein einer alle Menschen umfassenden Väterlichkeit: «Sie sind unser Pfarrer, aber auch der Pfarrer ‹aller anderen›, und Sie haben die Standesgnade für sie wie für uns.» Um wie «Brüder den Ungläubigen nahe zu sein», betont sie die Wichtigkeit von christlichen Hausgemeinschaften. Nach ihrer Vorstellung sollten «kleine Heimstätten einer einfachen, ansteckenden und brüderlichen Liebe» entstehen, die als herzliche Familien «und ohne Formalismus» die «Art von Liebesströmung innerhalb der Pfarrei» fördern.[115]

Den Vorwurf mangelnder missionarischer Liebe bezog sie auch auf diejenigen Priester, «die auf ihren Kanzeln reden, dort, wo die Leute von der Straße nicht hingehen»[116], und auf die Ordensleute, welche ohne missionarische Ausstrahlung bleiben.[117] Madeleine forderte daher um so mehr von den Christen in der Welt, die Gegenwart der Kirche präsent zu machen:

«Wir sind diejenigen, die die Kirche in diesen Landstrichen gegenwärtig machen können. Wir sind es, die ihre Grenzlinie nach vorne rücken müssen. Wenn die Kirche an so vielen Orten abwesend ist, wenn sie von dem, was sie eigentlich sucht, getrennt ist, liegt es daran, dass wir sie betrügen.»[118]

Zu Beginn ihrer Wirksamkeit in Ivry hatten Madeleine, Suzanne und Hélène noch Pfadfinderkleidung getragen. Auf dem Foto, das am Tag ihrer Ankunft in Ivry am 15. Oktober 1933 aufgenommen wurde, zeigen sie mit ihrer einheitlichen Kleidung von dunklem Rock und weißer Bluse, dass sie sich als Gott geweihte Frauen verstehen. Doch ebenso wie ihre Entscheidung, in ein gewöhnliches Reihenhaus zu ziehen, um der Bevölkerung vorbehaltlos begegnen zu können, legten sie auch bald ihre Pfadfinderkleidung ab. Fortan kleideten sie sich wie «jedermann von der Stange», wie Madeleine zu sagen pflegte. Damit waren Madeleine und ihre anwachsende Equipe also das, was sie sein wollten: Leute des «gewöhnlichen Lebens».

Geradezu prophetisch nahmen die jungen Frauen schon dreißig Jahre vor dem II. Vatikanischen Konzil die Lebensform der Laien vorweg, welche «besonders dazu berufen (sind), die Kirche an jenen Stellen und in den Verhältnissen anwesend und wirksam zu machen, wo die Kirche nur durch sie das Salz der Erde werden kann» (LG 33).

Die Laienspiritualität der Equipe hat Madeleine durch den programmatischen Text «Wir Leute von der Straße» von 1938 besonders deutlich zum Ausdruck gebracht:

«Es gibt Leute, die Gott nimmt und beiseite stellt. Andere gibt es, die lässt er in der Masse, die zieht er nicht ‹aus der Welt zurück.› Es sind die Leute, die eine gewöhnliche Arbeit verrichten, eine gewöhnliche Wohnung haben und gewöhnliche Ledige sind. Leute, die gewöhnliche Krankheiten, gewöhnliche Traueranlässe haben. Leute, die ein gewöhnliches Haus bewohnen und gewöhnliche Kleider tragen. Es

sind Leute des gewöhnlichen Lebens. Leute, die man in einer beliebigen Straße antrifft. Sie lieben ihre Tür, die sich zur Straße hin öffnet, wie ihre der Welt verborgenen Ordensbrüder die Tür lieben, die sich endgültig hinter ihnen geschlossen hat.
Wir anderen, wir Leute von der Straße, glauben aus aller Kraft, dass diese Straße, dass diese Welt, auf die uns Gott gesetzt hat, für uns der Ort unserer Heiligkeit ist.
Wir glauben, dass uns hier nichts Nötiges fehlt, denn wenn das Nötige fehlte, hätte Gott es uns schon gegeben.»[119]

Auch das strenge, in Tagzeiten aufgeteilte Gebetsleben, das sie sich aus der Ordenstradition zum Vorbild genommen hatten, konnten die Frauen kaum in ihren bewegten Tagesablauf integrieren. Nach und nach gaben sie die äußeren Strukturen eines klösterlichen Lebens auf. Zwar verpflichteten sie sich, täglich die Heilige Messe zu besuchen und zwei Stunden des Tages der Schriftlesung zu widmen. Aber der Alltag von Madeleine als Sozialarbeiterin, Hélène als Krankenschwester und Suzanne als Kindergärtnerin ließ oft nicht mehr als eine gemeinsame Gebetszeit in der Woche zu, die sie zum Lesen des Evangeliums nutzten.

Diese Erfahrung, dass es in einem gewöhnlichen Alltag nicht möglich ist, dem geregelten Rhythmus eines klösterlichen Stundengebetes zu folgen, brachte Madeleine schon bald dazu, zwischen Gebet und Arbeit nicht mehr unterscheiden zu wollen:

«Wir halten die Liebe für eine nicht glanzvolle, aber aufzehrende Angelegenheit; wir denken, dass, wenn wir für Gott ganz kleine Dinge tun, wir ihn ebenso lieben wie mit großen Aktionen. Übrigens halten wir uns, was das Format unserer Taten angeht, für schlecht informiert. Wir wissen bloß zweierlei: einmal, dass alles, was wir tun, nur klein sein kann; sodann, dass alles, was Gott tut, groß ist.
All das beruhigt uns angesichts unseres Pensums. (...)
Weil wir die Liebe für eine hinreichende Beschäftigung halten, erspa-

ren wir uns die Mühe, unsere Taten nach Gebet und Aktion zu klassifizieren. Wir finden, Gebet sei Aktion und Aktion sei Gebet, uns will scheinen, ein wahrhaft liebendes Tun sei ganz von Licht erfüllt.»[120]

Aber auch für Madeleine brauchte es Jahre der Gebetserfahrung, bis sie in Worten ausdrücken konnte, wie ein erfülltes Gebetsleben unter den Vorzeichen eines modernen Alltags gelebt werden könne. In «Notizen über das Gebet», die sie gemeinsam mit ihren Gefährtinnen über ein Jahr hinweg erarbeitet hatte, trat ihre tiefe Erfahrung deutlich zutage. Dass sie diese «Notizen» zudem kurz vor ihrem überraschenden Tod fertig stellte, ließ sie zu einer Art Testament werden, das Madeleine ihrer Equipe hinterließ.[121]

Dort schrieb sie, dass christliches Leben dazu bestimmt sei, Feuer zu sein, und weiter: «Überall, wo die Liebe Eingang findet, verwandelt sie unser Leben in Brennstoff.» Aber sie betonte, dass die Christen rasch verzehrt wären, wenn sie davon abließen, immer wieder neu um Glaube und Liebe zu bitten. Denn «der Glaube will unterhalten sein wie ein Feuer». Wie kann jedoch das «Feuer des Glaubens» unterhalten werden, wenn in der Hektik des Alltags immer wieder die Zeit dazu fehlt, das für das Feuer des Glaubens nötige Brennholz herbeizuschaffen? Madeleine beantwortete diese Frage durch einen Vergleich mit dem Ordensleben: Denn dieses ist «so geordnet, dass das Gebet darin (...) seine bestimmten Stunden hat. Bei den Kontemplativen ist alles auf ein Maximum aktiven Gebets ausgerichtet. Um ‹das Feuer zu unterhalten› ist der Aufwand an Zeit so beträchtlich, dass dazu sozusagen ganze Wälder abgeholzt werden müssen». Während also früher die Klöster ihr Glaubens- und Liebesfeuer dadurch unterhielten, dass sie ganze Wälder an Zeit für das Gebet abholzten, müssten die Christen heute mit weniger Zeitaufwand ebenso intensiv das Feuer des Glaubens und der Liebe entfachen. Madeleine argumentierte: Ebenso, wie heutzutage kaum noch Holz oder Kohle zum Heizen verwendet wird, muss sich auch das Gebet den zeitgemäßen Erfordernissen anpassen. Um aber «eine Öl-Schicht zu erreichen», so führt sie weiter aus, «spielt die Ausdehnung keinerlei Rolle. Man braucht nicht Tausende Quadratkilometer abzuholzen, auch kein System unterirdischer Galerien anzulegen. Man bohrt senkrecht ein Loch, dessen Öffnung lächerlich klein ist, das aber so tief reicht, dass es die Ölschicht erreicht.»

«Heutzutage ist in manchem städtischen Leben das Gebet nur durch Bohrungen möglich, wobei Intensität die Dauer ersetzt. Solch kräftiges und unsichtbares Hinabtauchen strebt in der Tiefe zu Gott hin, in konzentrierten Akten des Glaubens, der Hoffnung und der Liebe. Ihre Beharrlichkeit besteht in einer gebrochenen Linie, aber ihre wiederholten Vorstöße erreichen die Tiefe zu der Stunde, die Gott bestimmt, an der Stelle, wo man Gott schöpft.»

Madeleine macht in ihrem Text aber auch darauf aufmerksam, dass «Bohrungen nicht improvisiert werden können». Um einen Wald abzuholzen, brauche es sogar weniger genaue Planung und umsichtige Vorarbeit als bei einer Bohrung. Das Ölvorkommen müsse genau geortet werden, das Gelände vorbereitet, die Bohrtürme installiert werden. Ebenso sei es mit den Gebetsbohrungen: «Um in unserem Leben bohren zu können, und Gebetsschächte einzurichten, gilt es, im Voraus die dazu günstigen Augenblicke auszukundschaften.» Das hieß für sie:

«Mit Klarsicht wird man sich überlegen müssen, ob fünf Minuten früher aufzustehen, um den Tag mit Gott zu beginnen – wie verblödet, schlaftrunken, denkunfähig wir dann auch sein mögen –, unserer Gesundheit ernstlich schadet. (...) Ob jene eilende geistige Arbeit wirklich leidet, wenn wir ihr fünf Minuten entziehen, bevor wir uns dransetzen. Ob die Dringlichkeit des Besens oder der Waschmaschine ein paar Momente des Wartens verträgt, um uns ein Gebet zu gestatten.»

Auf diese Weise riet Madeleine den Christen in der Welt, alle kleinen Einsamkeiten ihres Tagesablaufs als Anstöße für ein Gebet zu nutzen. Alle diese Einsamkeiten seien für Gott groß genug, um sie mit ihm füllen zu können. Gott sei nicht an die Länge der Zeit gebunden, in der man einsam ist: «Denn unsere winzigen Einsamkeiten sind gleich groß, gleich erregend und heilig wie alle Wüsten der Welt, derselbe Gott bewohnt sie, er, der die Einsamkeit heiligt.»[122] Allerdings betont sie immer wieder, dass es für eine solche Art des Stoßgebetes unentbehrlich sei, eine Zeit am Tag einzurichten, die ausschließlich dem Gebet vorbehalten ist. Dabei ist nach Madeleine weniger die Zeitdauer von Wichtigkeit, sondern die Zeitqualität, der Wert der Zeit, der davon abhängig ist, mit welcher Tätigkeit man sonst die Zeit genutzt hätte. Erst dann können für Madeleine selbst so kurze Momente des alltäglichen Lebens zu kurzen, aber intensiven Momenten werden, in denen der Glaubende seine Augen zu Gottes Angesicht erheben kann.

«Man muss lernen, allein zu sein,
immer wenn uns das Leben eine Pause gönnt.
Und das Leben ist voll davon;
wir können sie entdecken oder achtlos verschwenden.
Mag uns ein Tag auch noch so grau und schwer erscheinen,
welch ein Aufleuchten für uns,
wenn wir an all die hintereinander gereihten Begegnungen denken.
Welche Freude, zu wissen,
dass wir unsere Augen zu Deinem Angesicht erheben können,
ganz allein,
während die Suppe langsam aufkocht,
während wir beim Telefon auf den Anschluss warten,
während wir an der Haltestelle nach dem Bus Ausschau halten,
während wir eine Treppe hinaufsteigen,
während wir im Garten für den Salat ein wenig Petersilie holen.
Welch ungewöhnlicher Spaziergang erwartet uns
heute Abend bei der Heimfahrt,
wenn man die Leute auf der Straße nicht mehr so genau sehen kann!
Welch günstige Gelegenheit bietet eine Verspätung,
wenn man auf den Mann, die Kinder, auf Freunde wartet!

Jede Eile bei dem, was nicht eintrifft,
ist sehr oft das Zeichen einer Wüste.
Aber unsere Wüsten besitzen eine wirksame Abwehr,
und wären es nur unsere Ungeduld,
unsere Träumereien und unsere Müdigkeit,
die immer auf der Lauer nach Erholung liegen.
Denn so sind wir gebaut,
dass wir Dich nicht anderen Dingen vorziehen können
ohne einen kleinen Kampf
und dass Du, unser Viel-Geliebter,
immer aufgewogen wirst gegen
jede Faszination,
jene verzehrende Besessenheit,
die von unseren kleinen Bagatellen ausgeht.»[123]

Durch die Gebetserfahrung, die Madeleine Delbrêls in einem aufreibenden Alltag gemacht hat, wurde sie zu einer spirituellen Lehrerin für Christen bis heute. Dabei bezieht sich Madeleine nicht nur auf die Zeit des Gebetes, sondern auch auf den Ort. Mit ihrem Umzug in die Rue Raspail war die Stille einer Kirche, die zum Gebet aufgesucht werden konnte, nicht mehr in unmittelbarer Nachbarschaft. Das nun bewohnte Reihenhaus war recht hellhörig, zumal im Winter alle Zimmertüren offen stehen mussten, weil nur ein Ofen vom Erdgeschoss aus das gesamte Gebäude heizte. Selten bewohnte die Equipe alleine das Haus. Das Dachgeschoss beherbergte oft monatelang zugereiste Familien, die ansonsten kein Obdach gefunden hätten, und Kinder liefen durch das Treppenhaus.

Madeleine war sich sicher, dass Gott auch den Christen, die in einem umtriebigen modernen Alltag leben, ebenso begegnen will, wie den Wüstenvätern von damals. Wie diese zur Begegnung mit Gott in die Wüste geführt worden seien – so argumentiert Madeleine –, will Gott auch hier und heute «zu unseren Herzen sprechen» und den Gläubigen «in die Wüste führen». Ihr zufolge nutzt Gott heutzutage die Einsamkeiten des alltäglichen Tagesablaufs als Wüsten. Gott richte sich solche Einsamkeiten immer wieder neu bei den Menschen ein, um ihnen die Chance einer Gottesbegegnung zu gewähren. Dazu rät sie, in der Wüste der täglich zu erfahrenden Einsamkeit einen von Gott gewollten Ort zu sehen, der dazu genutzt werden sollte, Gott zu suchen, ihn zu finden und sich von ihm ergreifen zu lassen.

Diese Momente erhält der Christ im Alltag der Moderne geschenkt, damit er nicht etwa meint, dass die Wüstenväter von damals dem Menschen von heute etwas an Gottesnähe voraus hatten. Will der Gläubige also Gott begegnen, so zuallererst dort, wo er einsam ist. Denn für Madeleine spricht die Erfahrung, dass «man Gott nirgendwo als in der Einsamkeit begegnet».[124]

Sie selbst hatte durch viele Ereignisse in ihrem Leben erfahren, was für ein schmerzhafter Prozess es ist, die eigene Einsamkeit anzunehmen: Als Einzelkind war sie Prellbock sich streitender Eltern gewesen, in ihrer Jugend hatte ihr Freund sie verlassen, in Ivry war sie auf die Ablehnung der kommunistischen Bevölkerung gestoßen, in ihrer Pfarrgemeinde hatten Mitchristen misstrauisch den Lebensstil der Frauengemeinschaft kritisiert und ihren Gefährtinnen war sie oft unverständlich geblieben, weil sie sich weigerte, die Equipe als Säkularinstitut anerkennen zu lassen.

Madeleine lernte, ihre Einsamkeit positiv anzunehmen. Für sie bedeutete die Erfahrung der Einsamkeit, Gott so radikal zu wählen, dass man ihn wählt, «ohne mit ihm zusammen jemand anderen oder etwas anderes zu wählen.»[125] Dabei erlebt dann «der gottverbundene Mensch … Einsamkeit als Fülle der Gotteserfahrung, er nennt sie ein Vielfaches des Gegenwärtigen».[126]

Auch inmitten der lärmenden Vorstadt Ivry, mitten in der Welt von heute, selbst mitten in den Wirren des Zweiten Weltkriegs fand Madeleine Plätze der Einsamkeit und Wüsten der Gottesbegegnung, wie aus ihrem Text «Missionare am Ort» aus dem Jahr 1943 hervorgeht.

Dort verglich sie die Wüste mit einer Menschenmenge, die auf die Untergrundbahn wartet. Diese Menschenmenge bezeichnete sie als

«Wüste der Massen», in die man «wie in den weißen Sand» eintaucht. Wie ein Eremit über die weite, weiße Fläche der Sandwüste blickt, so schauen die Christen heute «oben an der großen Treppe zur Untergrundbahn (…) zur Stoßzeit über eine Fläche von Menschenköpfen hin, ihre bebende Fläche von (…) Mützen, Hüten, Haaren jeglicher Farbe. Köpfe zu Hunderten: Seelen zu Hunderten. Wir ganz oben. Weiter oben und überall: Gott».[127] Hier wird deutlich, dass für Madeleine «kein merklicher Unterschied besteht zwischen der Unabsehbarkeit von Sandkörnern und der Unabsehbarkeit versammelter menschlicher Leben».[128]

Gerade die anonyme Menschenmasse, in der die eigene Einsamkeit oft so deutlich bewusst wird, ist für sie der Ort, um Gott zu begegnen: «Durch die Wüsten der Massen macht der Christ sich auf, um seinem Gott zu begegnen.»[129] Sie machte darauf aufmerksam, dass Gott in der Wüste «nicht gegenwärtiger ist als im Maschinengetöse, in der hundertgesichtigen Masse».[130]

Wer mitten unter Menschen betet, der vermittelt zwischen Gott und den Menschen. Wer seine Einsamkeit für das Gebet nutzt, wird zugleich zum Missionar. Madeleine zeigte auf, dass die Einsamkeit zugleich missionarisch ausgerichtet ist; sie meinte: «Die Rolle der christlichen Einsamkeit wird wohl darin liegen, einen freien Durchgang für Gott zu schaffen, damit Er die Welt befruchte.»[131] So erhält die Einsamkeit, sei sie noch so groß oder noch so klein, für Madeleine Delbrêl den Wert eines Sakraments:

«Die Einsamkeit, die Gott dem Christen so oft in großzügiger Weise zu schenken weiß, scheint mir eine Art Sakrament für die Welt zu sein. Sie ist einer der tiefsten Risse, die dem Herrn und seiner Erlösung erlauben, durch uns hindurch in die Welt einzudringen.»[132]

Um in der Einsamkeit Gott zu finden, bedarf es nach Madeleine keines Rückzugs aus der Welt.

«Ja, wir haben unsere Wüsten (...) und die Liebe führt uns hinein. Derselbe Geist, der unsere weiß gekleideten Brüder (die Eremiten) in ihre eigenen Wüsten leitet, führt uns, zuweilen mit klopfenden Herzen, auf die brandenden Treppen, in die Untergrundbahn, die schwarzen Straßen. (...) Der Heilige Geist, der ganze Heilige Geist in unserem armen Herzen, die Liebe, so groß wie Gott, die in unserem Herzen schlägt wie ein Meer, das um jeden Preis sich befreien, sich dehnen, einströmen will in all diese undurchdringlichen Leute, diese ausweglosen Wesen hinein. Alle Straßen sind uns begehbar, in jeder Untergrundbahn kann man sitzen, alle Treppen steigen, den Herrn überallhin tragen. (...) Und dann: beten, beten, wie man inmitten der anderen Wüsten betet, beten für alle diese Menschen, die uns, die Gott so nahe sind.»[133]

5

Madeleine um 1949

5. Die politisch Engagierte

«Im Jahr 1933 kam ich nach Ivry. Ich war neunundzwanzig Jahre alt. Auf dem Rathaus wehte die rote Fahne. Was das bedeutete, wusste ich nicht. Jetzt bin ich einundfünfzig. Zweiundzwanzig Jahre habe ich hier gelebt. Obwohl das Rathaus immer noch kommunistisch ist, weht dort nicht mehr die rote Fahne. Wofür sie nach wie vor das Zeichen bleibt, glaube ich inzwischen gelernt zu haben. – Doch zurück zum Jahr 1933. Das Milieu, aus dem ich kam, war viel zu skeptisch, als dass Politik oder Glaube darin eine große Rolle hätten spielen können. Ich begegnete weder dem ‹Proletariat› – ich kannte es nicht – noch dem Marxismus – ich kannte ihn noch viel weniger. Man hatte mir gesagt, die Leute in Ivry seien ungläubig und arm. Das Elend des Atheismus kannte ich aus eigener Erfahrung, die Armut hatte ich durch das Evangelium entdeckt. Wenn meine Begegnung mit dem Marxismus auch eine dauernde sein sollte – ausgesucht hatte ich sie mir nicht.»[134]

Mit diesen Worten schilderte Madeleine rückblickend ihre ersten Eindrücke von Ivry, wie sie damals auf die Tochter aus gutbürgerlichem Hause wirkten. In diesem Arbeitervorort von Paris begegnete die junge angehende Sozialarbeiterin einem überzeugten Kommunismus, der schon seit einigen Jahren die Stadtverwaltungsbehörden Ivrys geprägt hatte. Der hohe Arbeiteranteil von zwei Dritteln der arbeitenden Bevölkerung dieses Ortes hatte dazu geführt, dass die Kommunisten schon zwei Jahre nach der russischen Oktoberrevolution auch in Ivry Einzug hielten: ab 1919 waren sie im Stadtrat vertreten. 1925 wurde Georges Marrane erster kommunistischer Bürgermeister von Ivry. Acht Jahre lang war er schon im Amt, als Madeleine mit ihren beiden Freundinnen nach Ivry kam, um dort «auf freie Weise» – wie sie es nannten – das Evangelium zu leben: «In Ivry erwarteten mich Überraschungen. Und zwar gerade zuerst soziale Überraschungen. Die Ungleichheit der Lebensbedingungen, das Arbeiterleben jener Zeit – vor 1936 – bestürzten mich. Ein ganzes Leben lang keinen Tag frei, außer an Sonn- und Feiertagen (...)»[135]

Damals gab es keinerlei Sozialgesetze, die die Arbeitszeiten in Frankreich regelten oder die Arbeiter in den Chemiefabriken vor gesundheitlichen Schäden schützten. Erst 1936 wurde die 48-Stunden-Woche eingeführt. Als Folge der Weltwirtschaftskrise war die Arbeitslosigkeit in Ivry sehr hoch. Diejenigen, die Arbeit gefunden hatten, mussten zu Konditionen arbeiten, die heutzutage unvorstellbar sind. Die Arbeitszeit betrug elf bis zwölf Stunden an sechs Tagen die Woche. Hinzu kam noch die Entwurzelung der Menschen in den Arbeitersiedlungen, ihr Verlust an Heimat, an Freunden, an Werten und Traditionen – und, falls es ihn noch gab, an Glauben.[135a]

Um so mehr war die junge Madeleine davon beeindruckt, wie sich die kommunistische Partei für die Rechte der Arbeiter einsetzte:

«Überraschend waren endlich die Direktkontakte mit den Kommunisten: zunächst waren es ‹Basis›-Kontakte mit den Kommunisten meines Quartiers. Dann, ziemlich bald, tägliche Kontakte der Zusammenarbeit in der Verwaltung der Angelegenheiten der Gemeinde. (...) Diese Kontakte im Revier und bei der Arbeit haben mir erlaubt zu erkennen, wer die Kommunisten sind, und durch sie, was der Kommunismus ist. Ich habe damals bei ihnen den Großmut, die Selbstlosigkeit, die Opfer ihrer Aktivisten kennen gelernt, ich habe auch – unterschieden vom Bekehrungseifer – ihren warmen, herzlichen Empfang erfahren. (...) Die Denk – und Handlungsweise meiner neuen Freunde stellte mir Fragen über Fragen, was ihre Ideologie betraf.»[136]

Die Faszination, die der Kommunismus damals ausstrahlte, «die Atmosphäre (...) einer kämpfenden Familie» und «die Folge kraftvoll und sorgfältig durchgeführter Aktionen»[137], sie ließen Madeleine nicht unberührt. So wie ihre kommunistischen Freunde wollte auch sie sich ganz für die Belange der notleidenden Bevölkerung einsetzen. «Heute kann man sich nicht mehr christlich engagieren, ohne dass dieses Engagement ein soziales sei»[138], hatte Madeleine zu Beginn ihrer Ausbildung an Abbé Lorenzo geschrieben. Deswegen war sie ja mit Hélène und Suzanne nach Ivry gekommen und hatte noch während ihrer Ausbildung eine katholische Sozialstation in Ivry-Plateau gegründet, die sie halbtags betreute. Ihre Diplomarbeit – die als beste des Jahres 1934 ausgezeichnet wurde – gibt ein flammendes Zeugnis dafür, wie sehr sie in ihrer täglichen Arbeit für die Menschen da sein wollte:

«Ein Seemann kann nur dann ein guter Seemann sein, wenn er das Meer liebt, wenn er es genügend liebt, um alle Tage seines Lebens dort zu verbringen. Das ist zwar nicht sein Beruf, aber dessen Voraussetzung. Wenn die Sozialarbeiterin nicht die Menschenmassen liebt, kann sie ihren Beruf nicht ausüben. Das, was uns am Ende dieser drei Jahre unseres Dienstes erdrückt, ist der Kleinmut unserer Herzen.
Wir müssen begreifen, dass alle, die zu uns kommen, ein Recht auf uns haben, weil man gar nichts gegeben hat, solange man nicht sich selbst zum Geschenk gemacht hat.
Diese vielgestaltigen menschlichen Wesen, von uns oft durch Bildung, Kultur oder Erziehung getrennt, haben ein Recht auf uns, weil wir angetreten sind, ihnen zu dienen.
Man versteht nur das, was man liebt. Wenn man diesen Menschen begegnet, sollte die erste Tat sein, sie zu lieben. Das heißt, man muss ihr Wohlergehen wie das unsrige verfolgen.
Schon dafür ist ein Herz ohne Maß erforderlich, aber das ist noch nicht alles. (…)
In jedem dieser leidenden Wesen, denen wir begegnen, begegnet uns die ganze leidende Menschheit, ist ein Schmerz der ganzen Welt enthalten, den wir lindern.
Und mehr noch: Unsere Handlungen scheinen mir Echo unserer eigenen Freiheit zu sein. Kaum sind sie von uns ausgegangen, verlassen sie uns und ertönen von einem zum anderen wieder bis zu Menschen, denen wir nie begegnen werden.

Wie bringen wir diese Menschenmenge in unserem Herzen unter? Wie lassen wir es stark genug schlagen, damit jenseits dieser Gemeinde, in der wir arbeiten und deren Gewicht uns schon übermannt, wir diese riesige menschliche Gemeinschaft sehen, deren soziales Niveau in Schwingungen versetzt wird, sobald wir eines ihrer Mitglieder wieder aufrichten oder es gebeugt lassen.»[139]

Was aber unterschied ihre Hingabebereitschaft von dem großherzigen Einsatz der Kommunisten? Sollte sie um des gemeinsamen Zieles, der Arbeiterbevölkerung zu helfen, nicht doch der kommunistischen Partei beitreten? Die junge Sozialarbeiterin wurde mit der Versuchung des Marxismus zu einer Zeit konfrontiert, zu der es noch originell gewesen wäre, ihr zu erliegen.

Um zu einer Entscheidung zu gelangen, stellte sich Madeleine einerseits dem Anspruch des Evangeliums. Sie las es – wie sie später bekannte – «nochmals von einem Ende zum andern» durch. Andererseits scheute sie sich nicht, sich der ernsthaften Auseinandersetzung mit dem Kommunismus zu stellen. Ungewöhnlich für eine überzeugte Katholikin der damaligen Zeit, kaufte sie sich ein Buch aus einem kommunistischen Verlag: «Lenin und die Religion». Intensiv studierte sie diese Texte und stellte fest, dass der Marxismus Gott nicht nur ablehnte, sondern die Leugnung Gottes zur Grundlage seiner Ideologie gemacht hatte.

«Auf einen Schlag war alles entschieden. Ich erinnere daran, dass ich Neukonvertierte war – ich war von Gott überwältigt worden und bin es noch. Es war mir und es bleibt mir unmöglich, in die eine Schale der Waage Gott, in die andere alle Güter dieser Welt zu legen, mögen es die meinen oder die der ganzen Menschheit sein.»[140]

Mit einem Mal war ihr deutlich geworden, dass, sobald der Christ «der Partei beitritt oder sich ihr auch nur durch eine ‹organische› Tätigkeit verbündet, unterschreibt oder bestätigt er im Prinzip die Ablehnung des ersten Gebots. Diese Unterschrift oder diese Bestätigung aber zerbricht zugleich auch die brüderliche Liebe; Menschenliebe, die der Gottesliebe vorgezogen wird, bleibt selbst auf der Strecke».[141] Madeleine hatte erkannt, dass im Unterschied zur universalen christlichen Nächstenliebe, die jeden und alle Menschen ausnahmslos umfasst, die Liebe der Marxisten eindeutige Grenzen hat. Fortan entschied sich Madeleine dafür, mit den Kommunisten nur für zeitlich begrenzte Projekte zusammenzuarbeiten. «Jedes Mal aber», so bekannte sie 1964 noch in ihrem letzten Vortrag, «wo gemeinsames Handeln mit den Kameraden ein direktes oder indirektes Tun gegen Gott war, habe ich mich geweigert. Und wann immer es nötig war, gab ich meine Gründe an: die Worte Christi.»[142]

Ihre Entscheidung, nicht in die kommunistische Partei einzutreten, fiel in das Jahr 1935. In demselben Jahr hatte die Equipe die Geborgenheit des Pfarrhauses von Ivry-Plateau verlassen, um in einem einfachen Mietshaus vorbehaltlos unter den Menschen Ivrys präsent sein zu können. Von ihrem neuen Domizil aus war das kommunistische Rathaus nun kaum mehr als einen Steinwurf weit entfernt, wie die Aufnahme des Rathauses

Abb.: Das kommunistische Rathaus von Ivry vom Dachfenster des Hauses in der Rue Raspail 11 gesehen

vom Dachfenster ihres Hauses in der Rue Raspail 11 zeigt. Dass ihr Umzug in die unmittelbare Nähe des Rathauses und ihre «zweite Bekehrung», wie Jacques Loew ihre Entscheidung später nannte, zeitlich zusammenfielen, zeigt etwas von der unbedingten Wahrheitssuche dieser spirituellen Lehrerin. Um authentisch zu sein, scheute sie nicht einmal die ernsthafte Auseinandersetzung mit einer atheistischen Ideologie. Gerade weil sie nach innen eine entschiedene Haltung einnahm, konnte sie sich nach außen ganz in die Bedingungen ihrer Umgebung hineinbegeben – selbst wenn diese noch so wenig mit dem Glauben vereinbar zu sein schienen. Mit dieser Haltung widersprach Madeleine Delbrêl der damals von kirchlicher Seite häufig ausgesprochenen Warnung, dass ein marxistisches Milieu für den Christen schädlich sei. Stattdessen bezeichnete sie «diese atheistischen Umwelten [als] die von Gott uns zugewiesenen Stätten, günstige Umstände, unter denen der Glaube kräftig in uns wachsen und den andern verkündigt werden kann». In einer Umgebung zu leben, die den Glauben nicht stützt, bewertete sie als gewinnbringend, weil ihrer Erfahrung nach «in einer ungläubigen Umgebung Bedingungen für eine weitere Konversion»[143] gegeben sind.

Eine ungläubige Umgebung kann «in uns einen unauslöschlichen Durst nach dem Übernatürlichen wecken».[144] Daher, so argumentierte sie, führen Kontakte mit Menschen, die Gott leugnen, «durch eine Art Rückprall zu einer Überprüfung unserer eigenen Hoffnung»[145] und versetzen den Christen somit in den «Seelenzustand des Neugetauften».[146] Durch eine atheistische Umgebung wird der Glaube radikal hinterfragt. Diese Erschütterung bewertete Madeleine als positiv, weil der bloße «Schein des Glaubens, der zu schwach wäre, um den Kontakt mit einem Atheismus zu ertragen, (...) zerstört werden»[147] müsse. Wahrer Glauben hält Madeleine zufolge nicht nur der atheistischen Umgebung stand, sondern entwickele sich sogar in ihr, weil er «durch Anfechtung echt bleibt».[148] Auf diese Weise findet der Christ angesichts dieser Erschütterung zu einer Umkehr,[149] die bedeutet, «neu zu glauben, besser zu glauben».[150] Ihren letzten Vortrag, den sie einen Monat vor ihrem überraschenden Tod im

September 1964 vor Studenten hielt, betitelte sie daher mit: «Atheistische Umwelt als günstige Voraussetzung für unsere eigene Bekehrung».[151]

Dass widrige Umstände im Leben zu einer Neuorientierung führen und die eigene Beziehung zu Gott vertiefen können, hatte Madeleine Delbrêl schon mit ihrer Bekehrung, die ihr als Jugendliche widerfahren war, erlebt. Auch später deutete sie schwierige Lebenslagen als Herausforderungen, Gott näher zu kommen und den eigenen Glauben zu vertiefen: «Chaotische, grausame Perioden können Leidenschaften und einen intensiven Glauben erwecken, die das Heil fördern.»[152] Dieses Grundgesetz des Glaubens galt für sie aber nicht nur für schwierige Phasen des Lebens, sondern auch bei kleinen Widrigkeiten des Alltags:

«Das Knäuelchen Stopfgarn, der zu schreibende Brief,
das aufzunehmende Kind, der zu erheiternde Gatte,
die zu öffnende Tür, der abzuhebende Hörer,
die auszuhaltende Migräne:
Lauter Sprungbretter in die Ekstase,
lauter Brücken aus unserem armen Leben,
unserem Widerwillen, hinüber
zum stillen Gestade deines Wohlgefallens.»[153]

Aber die Lektüre des Buches von Lenin hielt noch eine weitere Erfahrung für sie bereit: «Die dreißig Seiten der Broschüre hatten zwischen dem Marxismus und mir einen unheilbaren Bruch verursacht. Seitdem ist dieser nie wieder geheilt.»[154] Zwar bot sie, als Ivry noch am Tag der Befreiung von Paris, am 26. August 1944 bombardiert wurde, sofort dem stellvertretenden Bürgermeister Gosnat ihre Hilfe an. Zwar erwuchs aus dieser Begegnung mit Venise Gosnat eine tiefe Freundschaft, von welcher ein Briefwechsel zeugt, der nach ihrem Tod der zweiten Auflage ihres Buches «Ville marxiste» vorangestellt wurde. Aber so eng sie sich in ihren eigenen Zielen auch Venise Gosnat verbunden fühlte, so sehr war ihr bewusst, dass der Bruch zwischen ihr und dem Marxismus bestehen bleiben müsse. Denn Christsein bedeutete für sie die Erfahrung, dass es zwischen Glauben und der Welt zu einem Widerspruch kommen muss, der in der Taufe begründet liegt: «Wir müssen uns diese Notwendigkeit vor Augen führen: dass christliches Dasein brechen muss, um christlich zu sein, einfach aufgrund der Taufe.» Denn «nur durch einen solchen Bruch werden wir fähig, am Werk der Erlösung teilzunehmen»,[155] weil erst die Distanz zur Welt den Christen ermöglicht, «in der Welt, aber nicht von der Welt» (Joh 17,14) zu sein. Für Madeleine war damit nicht ein Auszug aus der Welt gemeint, sondern die innere Haltung des Glaubens, denn «die Kirche wie der einzelne Christ müssen um des Heils willen mit der Welt brechen können».[156]

Angesichts dieser Auffassung war es nicht verwunderlich, dass ihr Freund Venise Gosnat ihr eines Tages vorwarf, dass sie gar nicht am Aufbau einer besseren Welt interessiert sei. Nicht nur ihr Antwortbrief, in dem sie betonte, dass sie mit allen Kräften die «Neugestaltung der Gesellschaft»[157] wünsche, zeigt, wie wenig der stellvertretende Bürgermeister Recht hatte. Auch in ihren Taten hatte Madeleine schon auf vielfältige Weise bewiesen, dass es ihr um den Menschen, zugleich aber auch um mehr als um den Menschen ging.

Während des Zweiten Weltkriegs waren die Kommunisten unter Androhung der Todesstrafe von der deutschen Besatzung gezwungen worden, alle öffentlichen Ämter niederzulegen. Auch in Ivry mussten die Kommunisten das Rathaus räumen. «An ihre Stelle traten ernannte, aber nicht gewählte Delegationen der Präfektur. Sie blieben auch während der Jahre der Besetzung im Amt,» erinnerte sich Madeleine. «Die für Ivry bestimmte Delegation bestand in der Mehrheit aus Christen (...) und Politikern. Ich hatte mich zur Mitarbeit bereit erklärt.»[158] Auf diese Weise wurde Madeleine 1939 zur Leiterin des städtischen Sozialdienstes und zur stellvertretenden Delegierten der Nationalhilfe in Ivry ernannt.

In dieser Aufgabe schuf sie während der Besatzung Ausbildungskurse für Fürsorgehelferinnen und entwarf ausführliche Studienprogramme. Sie verfasste zwei Broschüren ‹Veillée d'armes› und ‹La Femme et la maison›, um praktische Ratschläge an Sozialarbeiterinnen und vom Krieg betroffene Familien und Mütter zu verbreiten. »Ihr Einfallsreichtum wirkte dort Wunder. Die Sozialarbeit in Ivry wurde durch sie zu einem mustergültigen Beispiel, das man wegen seiner Leistungsfähigkeit in Augenschein nahm. Aufgrund dessen wurden ihr Aufgaben im gesamten Département Seine anvertraut, vor allem in der Ausbildung junger Kolleginnen.»[159]

Als Madeleine Delbrêl für ihre Arbeit im städtischen Sozialdienst, die sie während der Besatzungszeit aufgebaut hatte, geehrt werden sollte und ihr der Orden der Résistance verliehen werden sollte, lehnte sie diesen schlichtweg ab. Sie begründete ihre Absage mit dem Argument, dass sie nicht aus politischen Gründen heraus gehandelt habe, sondern allein aus christlicher Motivation. Gegenüber allen ihren politischen wie sozialen Aktionen nahm sie eine Grundhaltung ein, die sie später folgendermaßen beschrieb:

> *«Vor allem aber wird unser Realismus aus der Gewissheit und dem nicht minder festen Willen bestehen, durch alle diese Initiativen etwas Einzigartiges und Unersetzliches zu tun: eine Liebe zu verwirklichen, die der Wille Gottes selbst ist. Durch ihn wird alles unermesslich, nicht nach dem Maß der Dinge, sondern nach dem Maß Gottes, das sich nicht bemessen lässt.»*[160]

Sie wollte ihre Handlungsweise als einen Einsatz für eine Realität verstehen, welche die weltlichen Belange zugleich übersteigt und ihnen innewohnt: das Reich Gottes.

Madeleine hatte eine eigene, sehr konkrete Vorstellung vom Reich Gottes. Das Reich Gottes stellte für sie den Beginn der «Ewigkeit» und des «ewigen Lebens» in der Gegenwart dar. Dabei war ihr Ewigkeit keineswegs ein abstrakter, zeitferner Bereich, der nichts mit dem Hier und Heute zu tun hätte. Mit dem Begriff «Ewigkeit» umschrieb sie die göttliche Gegenwart, die nicht «oberhalb der Welt schwebend», sondern durch den Glauben schon jetzt zugänglich und dadurch schon im Menschen gegenwärtig ist.[161] Weil sie daher davon ausging, dass sich «das ewige Leben und unser irdischer Lebenslauf tatsächlich zusammenfügen»,[162] konnte sie Ewigkeit und Zeitlichkeit als Einheit zusammendenken. Auf diese Weise wurden alle zeitlichen Bedingtheiten des Menschen zur Vorbedingung dafür, das göttliche, ewige Leben zu empfangen: «Wir können durch den Glauben zu diesem ewigen Leben nur gelangen in der Zeit und durch die Zeit.»[163] Die Zeit, die mit Gottes Gegenwart gefüllt ist, bezeichnete sie als eine «kleine Falte in der großen Ewigkeit».[164] Auf diese Weise verwirklicht sich Ewigkeit «in jedem ‹Hier› der Erde und in jedem ‹Jetzt› der Zeit».[165] Kein Alltagsgeschehen konnte daher für Madeleine ein Hindernis dafür sein, in der Gegenwart Gottes zu leben:

«Moses (…) trug in sich eine unwandelbare Wüste.
So auch wir,
werfen wir der Welt nicht vor
und auch nicht dem Leben,
uns das Angesicht Gottes zu verhüllen.
Finden wir's, dieses Antlitz, dann wird es alle Dinge einhüllen,
sie eingehen lassen in sich.»[166]

Als die kommunistische Stadtverwaltung nach dem Krieg wieder ihre Ämter übernahm, wollte sie die erfolgreiche Sozialarbeiterin gerne für ihre kommunistische Partei gewinnen. Die Partei bot Madeleine einen Platz auf ihrer Liste für die Kommunalwahlen an. Madeleine aber wollte sich nicht von der kommunistischen Ideologie vereinnahmen lassen. Sie schlug den Platz auf der Wahlliste aus. Ihre christlichen Freunde machten sie zudem auf die zunehmend kritische Haltung Roms zum Kommunismus aufmerksam. Ebenso äußerten sie Besorgnis wegen der ihrer Meinung nach zu engen Zusammenarbeit mit der kommunistischen Stadtverwaltung. So schwer es ihr auch fiel, Madeleine entschloss sich schließlich dazu, zum 1.Oktober 1946 ihren Arbeitsplatz zu kündigen, um sich ganz um die Belange ihrer anwachsenden Frauenéquipe kümmern zu können.

Nun wurde sie für den Haushalt ihrer freien Hausgemeinschaft zuständig. Madeleine, die mit einem Hausmädchen groß geworden und nie in hausfrauliche Tätigkeiten eingeführt worden war, musste kochen, backen, bügeln und das Haus sauber halten, während die anderen Frauen ihren Berufen nachgingen. Die Frauen ihrer Equipe, die noch heute in der fast unverändert gebliebenen Küche der Rue Raspail ihre Mahlzeiten zubereiten, erinnern sich gut daran, dass ihnen die improvisierten Kochkünste Madeleines oft ein hohes Maß an Nachsichtigkeit abverlangten. Und Madeleine ihrerseits formulierte ihre Erfahrungen humorvoll in kurzen Sätzen, die sie dem «Kleinen Mönch»[167] in den Mund legte. Dessen Sprüche waren, wie Madeleine schrieb, «gedacht nicht nur für klösterliche Gemeinschaften, sondern auch für Familien, Werkstätten, Büros, Parlamente, Pfarrhäuser, Parteien, Gewerkschaften, Vereine, kurz: für jede Art von Gemeinschaft». Manche der Sprüche lassen erahnen, dass es auch in ihrer Gemeinschaft nicht immer ohne Spannungen zuging: «Schleif deine Kanten, und du stößt dich weniger. (Der Kleine Mönch nach einem brüderlichen Seitenhieb.) – Finde dich damit ab, dass du deinen Brüdern

Abb.: Nachdem sie den städtischen Sozialdienst 1946 gekündigt hatte, war Madeleine einige Jahre lang für den Haushalt der Equipe zuständig.

manchmal im Wege stehst, für sie ein Kreuz bist, also eine Gnade. (Als der kleine Mönch nicht überall Zustimmung fand.) – Wenn man dich ständig in die Pfanne haut, dann denke daran, dass ohne Fett alles anbrennt. (An einem Tag der Demütigung.)»[168]

Ihre vielfältigen Aktionen der nun folgenden Jahre belegen jedoch, dass sie sich keinesfalls auf hausfrauliche Tätigkeiten beschränkte. In der Rue Raspail war ein ständiges Kommen und Gehen von Menschen, die sie um Hilfe baten. Und obgleich sie der kommunistischen Partei nicht beitrat, blieb sie doch politisch engagiert: Das faschistische Spanien unter Franco löste in dieser Zeit in der europäischen Öffentlichkeit immer wieder Proteste aus, an denen sich Madeleine maßgeblich beteiligte. Als Beispiel sei ihr Einsatz für den 1949 zu Unrecht zu zehn Jahren Gefängnis verurteilten spanischen Widerstandskämpfer Juan-Miguel Grant genannt, der sie um Hilfe bat. Bei der Durchsicht seiner Akten waren Madeleine Unregelmäßigkeiten aufgefallen, mit denen sie sich bei den Gerichten Gehör verschaffte. «Zwei Jahre lang habe ich versucht, für ihn das zu tun, was eine Mutter getan hätte.»[169] Sie legte beim Präsidenten der Republik, Vincent Auriol, Fürsprache für Grant ein. Sein Freispruch erfolgte im August 1951.

Ein weiterer Fall, in dem Madeleine sich verpflichtet fühlte, politisch Stellung zu beziehen, war die Verhaftung der so genannten «34 von Barcelona». Im März 1952 hatte eine drastische Erhöhung der Tarife des öffentlichen Nahverkehrs in Barcelona dort zu einem Streik der Fahrgäste geführt. 34 Anführer des Streiks wurden festgenommen und durch ein

Abb.: Die anwachsende Frauenequipe um Madeleine (hintere Reihe Mitte) bei der Hausarbeit um 1945. Selten kamen alle Frauen in der Rue Raspail so zusammen.

Militärgericht zum Tode verurteilt. Madeleine beteiligte sich an den französischen Protesten mit einem offenen Brief an die Katholiken Spaniens, den ihre spanischen Freunde weiterverbreiteten.[169a] Madeleine mahnte die spanischen Christen, dass es um der Wahrheit willen in bestimmten Ländern nötig sei, «Gefangener mit den Gefangenen» zu sein, in Spanien hingegen seien sie sogar gefordert, einen deutlichen Bruch mit den Machthabern zu vollziehen. Angesichts eines solchen Unrechts dürfte ein Christ nicht schweigen.[170] Tatsächlich wurden unter dem steigenden internationalen Druck die Häftlinge freigelassen. Einer von ihnen kam auf einer Reise nach Paris auch nach Ivry, um Madeleine für ihren Einsatz zu danken.

Als wenige Monate später bekannt wurde, dass der Eucharistische Kongress in Barcelona stattfinden sollte, wertete die französische Öffentlichkeit diese Entscheidung Roms als Sympathie-Erklärung für das faschistische Franco-Regime. Die Einladung der Kirche nach Barcelona musste von den Opfern des Franco-Regimes als Paktieren der katholischen Kirche mit der spanischen Diktatur verstanden werden. Madeleine beteiligte sich an den Protesten gegen den Ort der Veranstaltung mit einem Artikel, der für die Zeitschrift «Témoignage chrétien» bestimmt war. Darin solidarisierte sie sich mit jenen Spaniern, die vor der Verfolgung durch das diktatorische Regime Francos nach Frankreich geflohen waren. Madeleine kritisierte: «Die Kirche fühlt sich zu Hause, wo ihr (die Flüchtlinge) keine Heimat mehr habt.»[171] Zugleich ermahnte sie die Christen, in bestimmten Situationen, in denen Unrecht geschieht, sich entschieden politisch zu engagieren. Dennoch zeigt ihre Argumentation, dass ihr Einsatz weniger politisch als vielmehr religiös motiviert ist. In ihrem Buch «Ville marxiste» stellt sie deutlich heraus, dass sie «unsere religiöse Berufung von einer politischen Berufung und von einem Denksystem unterschieden» wissen möchte.[172] Ihr Beitrag für «Témoignage chrétien» lässt erkennen, dass ihr politisches Verantwortungsgefühl so weit ging, dass sie auch vor Kritik an der Kirche nicht zurückschreckte.

Madeleine hatte gute Freunde unter den politisch verfolgten Spaniern, und so fiel es ihr nicht schwer, aus deren Perspektive zu schreiben. Besonders nahe standen ihr Carmen und Alberto, ein spanisches Ehepaar, das wegen seiner kommunistischen Parteizugehörigkeit in Frankreich Zuflucht gefunden hatte. Mit Alberto, der Konditor war, gründeten Madeleine und ihre Equipe eine Produktionsgenossenschaft zur Herstellung spanischen Gebäcks. Noch lange nach dem Tod von Madeleine ist Carmen von ihr so beeindruckt, dass sie einmal gestand – obwohl sie als Kommunistin nicht an Gott glaube – in schwierigen Lebenslagen Madeleine um Fürsprache zu bitten. Als im September 1991 ihr Mann verstarb, ließ sie auf seinen Grabstein ein Gedicht eingravieren, das Madeleine einst für Alberto verfasst hatte:

Für Alberto
Ihr lieben Freunde, die ihr so gelitten habt,
dass man mehr als hundert Tode davon sterben müsste,
ich wollt, es wäre mir möglich, euch
die Freude von mehr als hundert Leben zu schenken.
Ihr Freunde, denen ich an den Wendepunkten
der Straßen meines Lebens begegnet bin,
ich möchte mit euch gehen,
bis die ganze Welt ihr Glück erlangt.

Abb.: Die Grabplatte Albertos,
eines kommunistischen Freundes der Equipe.

Madeleine folgte keinem politischen Programm, sondern setzte sich immer dann mit ihrer ganzen Kraft für den Menschen ein, wenn es die Ereignisse erforderten. Auch im Jahr 1953 musste sie für Opfer politischen Unrechts Partei ergreifen. Diesmal bezogen sich ihre Proteste aber nicht auf das spanische Franco-Regime, sondern erfolgten vor dem Hintergrund des Kalten Krieges. In den USA waren im Zuge der «Hexenjagd» auf Kommunisten die amerikanischen Forscher Ethel und Julius Rosenberg verdächtigt worden, atomare Geheimnisse an die Sowjetunion verraten zu haben. Nach einem offensichtlichen Schauprozess war das Ehepaar zum Tod auf dem Elektrischen Stuhl verurteilt worden. Die Unschuldsbeteuerungen der Angeklagten fanden ebenso wenig Gehör wie die öffentlichen Proteste international bekannter Wissenschaftler wie Albert Einstein oder Harald C. Durey. Rechtsanwälte mehrerer Länder wiesen den USA – jedoch ohne Erfolg – Unstimmigkeiten in den Gerichtsverfahren nach. Zwei jüdische Rechtsanwälte aus Paris, Pierre Goutet und André Haas, die Zugang zu den Prozessakten hatten, beschlossen, die Öffentlichkeit zu alarmieren. Weil Haas Madeleine kannte, bat er sie, sich an der Formulierung eines Bittschreibens an den Papst zu beteiligen. Da Madeleine über den Sekretär des französischen Kardinals Veuillot, Jean Guéguen, Beziehungen zum Vatikan besaß, sollte sie das Bittschreiben überbringen. Sie war jedoch überzeugt davon, dass ein jüdischer Jurist im Vatikan mehr Beachtung finden würde. Tatsächlich wurde durch ihre Vermittlung der jüdische Anwalt Haas von Mgr. Montini, damals Prosekretär des Staatssekretariates, empfangen. Ziel des gemeinsamen Schreibens war es, eine Intervention des Papstes zu erwirken. Tatsächlich erschien wenige Tage später, am 14. Februar 1953, im «Osservatore Romano» die Protestnote Pius XII.

In Paris sprach Madeleine auf einer Protestveranstaltung, die im Vélodrome d'Hiver zugunsten der Rosenbergs abgehalten wurde, und verfasste einen Leserbrief, der in der katholischen Zeitung «La Croix» abgedruckt wurde.[173] Alle Protestaktionen blieben jedoch erfolglos. Die Nacht vom 19. auf den 20. Juni 1953, in der die Rosenbergs hingerichtet wurden, ver-

brachte Madeleine im Gebet. Was in ihr vorging, lässt der Leserbrief vom 3. März 1953 erahnen. Ebenso wie in ihrem offenen Brief an die Katholiken Spaniens forderte sie die Christen auf, sich um der Wahrheit und der Gerechtigkeit willen lautstark und öffentlich gegen Unrecht auszusprechen:

> *«Vor dem Unglück der anderen ist das Schweigen niemals neutral. Schweigen ist Zustimmung. Angesichts einer Hinrichtung zu schweigen ist kein Zweifel, sondern die Sicherheit, dass ein Mensch sterben muss. Der Zweifel, selbst der leiseste Zweifel muss sprechen. Wenn wir zweifeln und schweigen, werden wir zu Lügnern.»*[174]

Es ging Madeleine aber nicht nur um die Glaubwürdigkeit des einzelnen Christen, der angesichts von ungerechten Verhältnissen nicht die Augen verschließen darf. Dass sie alles daran setzte, ein Protestschreiben des Papstes zu erwirken, zeigt auch, dass es ihr um die Glaubwürdigkeit der Kirche ging. Zitate aus der privaten Korrespondenz Madeleines belegen beispiel-

Abb.: Eine der Demonstrationen zugunsten des Ehepaares Ethel und Julius Rosenberg auf dem Place de la Nation in Paris am 17. Juni 1953.

haft, wie sehr ihr daran gelegen war, dass die Kirche in der Welt ein Zeugnis für die Wahrheit und Gerechtigkeit ablegt. Auch als sie ihrem Freund, Rechtsanwalt André Haas, die Möglichkeit vermittelte, im Vatikan für die Rosenbergs vorzusprechen, ging es ihr nicht darum, «diplomatische» Beziehungen zur päpstlichen Kurie zu knüpfen. Weder die repräsentative Funktion, noch die amtliche Stellung des Papstes, sondern seine universale Väterlichkeit hatte sie im Auge, als sie sich mit ihrem Bittschreiben an den Papst wandte. Sie sah den Papst vorrangig in seiner stellvertretenden Aufgabe als Vater, der sich in (hirten-)väterlicher Sorge seiner Kinder annimmt, zu denen ihrer Meinung nach nicht nur die katholischen Christen, sondern auch die kommunistischen und jüdischen Rosenbergs gehören. Anlässlich der Mission ihres Freundes Haas schrieb sie an Jean Guéguen:

> *«Der Kirche muss man Aug´ in Auge begegnen, wie Kinder ihrer Mutter und ihre Hände nach ihr ausstrecken. Der gerade Weg, den Sie Haas erlaubt haben zu gehen, hat ihn mit der Mutter-Kirche in Berührung gebracht, mit einem Papst, für den zwei seiner Kinder existieren, sobald er ihre Namen außerhalb von jedem weltlichen Kontext und weltlicher Macht erfährt. Ich freue mich für Sie, für Haas und für mich.»*[175]

6

Madeleine um 1954

6. Die kritische Visionärin

«Das Wort Kirche möchte ich in jeder Zeile so oft wie das Wort Gott schreiben.»[176]

Diese Aussage Madeleines steht beispielhaft für die tiefe kirchliche Prägung ihres christlichen Selbstverständnisses:

«Die richtig vollbrachte Tat scheint uns dort, wo sie uns abverlangt wird, der ganzen Kirche einzupfropfen, in ihren Organismus auszugießen, uns in ihr verfügbar zu machen.
Unsere Füße schreiten auf einer Straße, aber unser Herz schlägt in der ganzen Welt. Darum vereinen auch unsere kleinen Taten, bei denen wir nicht zwischen Gebet und Aktion unterscheiden können, die Liebe zu Gott und den Brüdern vollkommen.
Dass wir uns seinem Willen anheim stellen, übergibt uns gleichzeitig der Kirche, die dieser selbe Wille immerfort zur Heilbringerin und zur Mutter der Gnade macht.»[177]

Es ist bemerkenswert, dass gerade dieser Text,[178] den sie für ihre eigene Frauenequipe verfasst hatte, programmatisch für ein neuartiges Priesterseminar wurde: die «Mission de France». Die Mission de France wurde 1941 auf die Initiative Kardinal Suhards hin gegründet, um Priester für die Diözesen in Frankreich auszubilden, die an Priestermangel litten. Auf den Aufbau dieses neuartigen Priesterseminars, aus dem viele Arbeiterpriester hervorgingen, nahm Madeleine Delbrêl einen nicht unwesentlichen Einfluss. Sie war eine der Ersten – und man beachte: das als Frau und als Laie! –, die vor den Priesteramtskandidaten, die aus allen Diözesen Frankreichs zusammengekommen waren, zwischen 1942 und 1946 Vorträge über ihre Erfahrungen in der kommunistischen Stadt Ivry hielt. Die Laienspiritualität Madeleines, «so tief wie möglich eingerammt in die Dichte der Welt, ohne von der Welt durch irgendeine Regel, irgendein Versprechen, irgendein Gewand oder einen Orden getrennt zu sein»,[179] hatte bei vielen Seminaristen einen tiefen Eindruck hinterlassen. Selbst der Rektor dieses neuartigen Priesterseminars Père Louis Augros (1898–1982) stellte die Lebensform der Equipe Madeleine Delbrêls als vorbildlich für die Mission de France dar. Er führte es auf den Einfluss Madeleines zurück, dass er für die Mission de France nicht um eine offizielle Anerkennung als Kongregation nachsuchte, sondern ihr säkulare Züge verleihen wollte: «Als ich mich von Madeleine Delbrêl verabschiedete, war ich von allen Zweifeln befreit. Weil es unsere Aufgabe ist, das Evangelium zu verkünden, brauchen wir nur alle zusammen Sorge tragen, es ernsthaft zu leben. Das ist alles.»[180]

Augros konnte damals noch nicht wissen, dass diese für eine Laiengruppe praktizierbare Form nicht ohne weiteres auf Weltpriester übertragen werden konnte. Während Madeleine Delbrêl die kirchliche Sendung ihrer Frauenequipe von der Taufe herleiten konnte – was damals ungewöhnlich genug war –, stellte sich für die Priester der Mission de France verschärft die Frage nach dem Motiv ihrer Sendung: Sie gerieten mehr und mehr in die Spannung zwischen dem Sendungsauftrag, den sie von der Kirchenleitung empfingen, und den missionarischen Erfordernissen, derer sie in den Arbeitermilieus gewahr wurden.

Als die Römische Kurie am 23. September 1953 durch den päpstlichen Nuntius Mgr. Paolo Marella den französischen Episkopat wissen ließ, dass sie die Arbeiterpriesterbewegung verbiete, nahm Madeleine Delbrêl dieses Verbot zum Anlass, Augros, der ein Jahr zuvor als Rektor des Priesterseminars abgesetzt worden war, und seinem Nachfolger Daniel Perrot einen ausführlichen Brief zu schreiben. Dabei ist es bemerkenswert, dass die von ihr darin aufgeführte Kritik in vielen Punkten gerade die Inhalte betraf, die nachweislich als Einfluss und Prägung ihrer Vorträge auf die Mission de France gelten können.

In diesem Brief erinnerte Madeleine Delbrêl an die vierfache Programmatik, die sich das Priesterseminar von Anfang an zum Ziel gesetzt hatte, nämlich welthaft (séculière), evangeliumsgemäß (évangélique), gemeinschaftlich (communautaire) und missionarisch (missionaire) sein zu wollen.[181] Dabei ist es bemerkenswert, dass ihr Schreiben mit der Erörterung eines weiteren Gesichtspunktes beginnt, der von ihr eigens hinzugefügt wurde: «Hierarchische Wurzeln» (racines hiérarchiques). Sie warf der Mission de France vor, sich von der Kirchenleitung, durch die sie ins Leben gerufen worden war, immer mehr entfernt zu haben. Das Foto, das die Priesteramtskandidaten mit der Kirchenleitung, vor der Statue der Hl. Therese von Lisieux zeigt, gibt die eigentlichen Fundamente der Mission de France eindrücklich wieder: Unmittelbar unterhalb des Standbilds der Heiligen sitzt in der ersten Reihe der Kardinal von Paris, Mgr. Suhard, zu seiner Rechten der Bischof von Bayeux et Lisieux und zu seiner Linken ein weiterer Bischof, Mgr. Faillaize.

Abb.: Das 1943 gegründete Priesterseminar vor der Statue der Heiligen Therese von Lisieux. In der ersten Reihe von links nach rechts: Pfarrer Lévesques, Louis Augros, der Rektor des Seminars, Mgr. Adam, Generalvikar von Bayeux, Mgr. Picaud, Bischof von Bayeux und Lisieux, Kardinal E. Suhard, Mgr. Fallaize, ehemaliger Bischof des Nordpols, Mgr. Germain, Wallfahrtsdirektor von Lisieux, Abbé Lorenzo, Spiritual des Priesterseminars. Hinter Pfarrer Lévesques: Daniel Perrot.

In dem Abschnitt über die «gemeinschaftlichen Wurzeln» der Mission de France wies Madeleine darauf hin, dass die Mission de France ihre Existenz dem gemeinschaftlichen Willen der französischen Bischöfe zu verdanken habe, wie auf dem Foto noch sehr gut zu erkennen ist. Jede Cliquenbildung – auch unter den Priestern – widerspräche dem Geist der Kirche und würde jede missionarische Zielsetzung unglaubwürdig machen. Das Priesterseminar habe seine Berufung als kirchliche Gründung mit der Berufung der missionarischen Laienbewegungen in Frankreich verwechselt, die ihre Berufungen in der Peripherie der Kirche lebten und ein höheres Maß an Gestaltungsfreiheit hinsichtlich innovativer Missionsformen und eine tiefere Verwurzelung in weltlichen Belangen haben.

Unter der Überschrift «Welthafte Wurzeln» thematisierte Madeleine Delbrêl die besondere Problematik der Arbeiterpriester, die in den proletarischen Milieus und im gewerkschaftlichen Engagement in sehr viel direktere Weise als andere Mitglieder der Mission de France mit der kommunistischen Propaganda in Berührung kamen. Weil die Arbeiterpriester dabei der Gefahr erlegen seien, «sich von jenen Regionen der gegenwärtigen Wirklichkeit gefangen nehmen zu lassen», sei die gesamte Mission de France in Verruf geraten. Im Gliederungspunkt ihres Briefes «Evangeliumsgemäße Wurzeln» ging es ihr darum, dass allein «die Kirche» befähigt sei, das Evangelium im Vollsinn des Wortes zu leben und zu verkünden. Sie warf der Mission de France vor, den Auftrag des Evangeliums von der Sendung der Kirche getrennt zu haben. Auch in anderen ihrer Texte machte sie ihr Anliegen deutlich:

«Man kann (…) diese Liebe, die das Format von Christus –[als]– Kirche und nicht das unsere hat, nur leben, wenn wir unsere innige, verborgene, vitale Zugehörigkeit zu Christus in der Kirche intensivieren. Ansonsten fallen wir in den Graben oder fälschen die Botschaft oder machen sie unfruchtbar. Einzig in der Kirche und durch sie ist das Evangelium Geist und Leben. Außerhalb ihrer ist es nur noch geistreich, aber nicht mehr Heiliger Geist.»[182]

Auch die missionarischen Wurzeln der Mission de France, die Madeleine Delbrêl in ihrem Brief als letzten Punkt anführte, sind dem Foto abzulesen. Die fotografierten Personen stehen nicht zufällig unter der Statue von Therese von Lisieux, an deren Ort das Priesterseminar gegründet wurde. Für den Kardinal von Paris, Suhard, war Therese von Lisieux die christliche Gestalt gewesen, die ihn am meisten beeindruckt hatte. Wenige Jahre zuvor (1929) war die französische Nationalheilige zur «Patronin aller Missionare» ernannt worden. Um den angehenden Arbeiterpriestern die geistige Grundhaltung zu vermitteln, von der ein sozialer Einsatz getragen werden müsse, grenzte sich Madeleine Delbrêl 1943 in einem nicht von ungefähr Therese von Lisieux gewidmeten Text «Missionnaires sans bateau» gegenüber jenen missionarischen Tendenzen ab, die vor allem auf politische Aktionen und weltimmanente Hilfe setzten.[183] Und im Jahr 1958, mitten in der Zeit der kritischen Spannungen zwischen Rom und den Arbeiterpriestern, hielt sie den Arbeiterpriestern wiederum Therese als Vorbild missionarischer Existenz entgegen:

> *«Vielleicht war Therese von Lisieux, die Patronin aller Missionare, dazu ausersehen, zu Anfang dieses Jahrhunderts ein Schicksal vorzuleben, bei dem die Zeit auf ein Minimum zusammenschrumpft, die Handlungen auf ein winziges Format zurückgeführt werden, der Heroismus für die Augen der Betrachter unerkennbar wird und die Mission sich auf einige Quadratmeter beschränkt. Die kleine Therese mag uns lehren, dass bestimmte Leistungen nicht mit der Uhr gemessen werden können, dass die sichtbare Seite der Handlungen nicht alles bedeutet, dass zur Mission in der Weite die Mission in der Dichte kommen muss, mitten unter den dicht zusammenwohnenden Menschen.»*[184]

Zugleich kritisierte Madeleine die bei einigen Priestern der Mission de France praktizierte Haltung, mit dem Marxismus zu sympathisieren, um gemeinsam mit ihm für soziale Gerechtigkeit zu kämpfen. Diese Geistlichen hätten nicht genügend bedacht, dass der Marxismus eine «soziale Sünde» sei, die eindeutig als «ein Übel» bezeichnet werden müsste und mit der man sich als Christ in keiner Weise solidarisch erklären dürfe. «Man kann die Priester in Soutane oder im Blaumann auftreten lassen», so schreibt sie an Augros und Perrot, «sie in der Fabrik lassen oder zurückbeordern, sie an eine Pfarrei binden oder an ein Wohnviertel (...); die Gefahr wird unvermindert bleiben, solange Christen den Marxismus als einen gesunden Zustand einschätzen und nicht zu den Marxisten gehen um dessentwillen, was ihnen fehlt.»[185]

Mit ihrem Brief an die Pères Augros und Perrot wollte sich Madeleine Delbrêl aber keinesfalls auf die Seite der Bischöfe Roms oder derjenigen französischen Bischöfe schlagen, die das Verbot der Arbeiterpriester befürworteten. Vielmehr ist dieser Brief ebenso wie ihre zahlreichen Schreiben an verschiedene andere Bischöfe Ausdruck dafür, dass sie zwischen beiden Seiten zu vermitteln suchte und die jeweils andere Position beim Gegenüber verständlich machen wollte. So hatte sie keinerlei Hemmungen, beispielsweise an den damaligen Weihbischof von Paris, Mgr. Pierre Brot, zu schreiben, dass auch die Bischöfe nicht vergessen dürften, dass die Mission de France aus dem einstimmigen Beschluss des französischen Episkopats hervorgegangen sei und daher diese für die jungen Seminaristen und Priester Sorge tragen müssten.[186]

Neben ihren Briefen zeugt vor allem ihr Werk «Ville marxiste terre de mission»[187] von ihrem engagierten Einsatz, mit dem sie zwischen den verschiedenen Positionen vermitteln wollte und um die Einheit der Kirche rang.[188] Mit der Veröffentlichung dieses ausführlichen Erfahrungsberichts, den sie auf Bitten Mgr. Pierre Veuillots verfasste,[189] verfolgte sie einzig und allein die Intention, sich in Rom Gehör zu verschaffen, um für die Situation der französischen Kirche dort um Verständnis zu werben. Weil Veuillot wichtige Kontakte zur Kurie hatte, konnte er das Werk dem Sekretär Kardinal Ottavianis, P. Paul Philippe OP, zum Lesen geben,[190] sodass anzunehmen ist, dass sie durch diesen auch auf Kardinal Ottaviani Einfluss nahm, der im Hl. Offizium gleich nach dem Papst die wichtigste Stellung innehatte. Allein die Tatsache, dass sie sich nicht scheute, sich sogar auf der höchsten Ebene an die Verantwortlichen der Kirche zu wenden, zeigt, dass sie das, was sie als eigentliche Aufgabe des Laienchristen bezeichnete, nämlich die Erfahrungen, die von ihnen als «Fingerspitzen» der Kirche in der Welt gemacht werden, innerhalb des Leibes der Kirche an das «Gehirn» zu leiten, in vollem Umgang wahrnahm. Die Kirchenkritik Madeleine Delbrêls machte daher auch vor den Laienchristen nicht halt, denn sie bemängelte,

> *«dass wir gegenüber dem, was wir die Autorität nennen, bald wie Fetischisten, bald wie Liberale reagieren. Wir lassen das, was wir von der Welt antreffen und kennen lernen, nicht zu den Bischöfen zurückfließen. Oder wir gehorchen wie ein Soldat zweiter Klasse oder legen bestenfalls unsere Desiderata vor, um sie unterzeichnen zu lassen. Aber die Eindrücke der Augen, die Wahrnehmungen usf. vermitteln wir nicht zum Gehirn.»*[191]

Bei dieser Formulierung überrascht, dass Madeleine das Amt der Kirche als «Gehirn» charakterisierte. Tatsächlich gibt es keinen Text von ihr, in welchem sie das Amt als das «Haupt» der Kirche bezeichnete. Denn sie verstand die Aufgabe des Amtes darin, Kommunikations- und Koordinationsstellen der verschiedenen Charismen und Aufgaben der Kirchenglieder zu sein.[192] Wie ihr Buch «Ville marxiste» und ihre Briefe an verschiedene Bischöfe belegen, forderte sie die leitende Kirche immer wieder dazu auf, auf die Welterfahrungen der Christen zu hören und zu lernen.

Ihre unermüdlichen Bemühungen um Vermittlung der verschiedenen Positionen innerhalb der Kirche ließen Madeleine Delbrêl aber nicht davor gefeit sein, selber in das Kreuzfeuer der Kritik zu geraten. Um die zur damaligen Zeit sehr ungewöhnliche, von offiziellen kirchlichen Bindungen freie Lebensform ihrer Equipe zu schützen (eine solche Lebensform wurde erst im II. Vat. durch die Einrichtung der «pia unio» sanktioniert), versuchte sie sich immer wieder durch eine Zusammenarbeit mit kirchlichen Organisationen abzusichern, auch, um die Sendung ihrer Equipe als kirchliche Sendung ausgewiesen zu wissen. Aber an welche kirchliche Einrichtung sie sich auch immer anzuschließen versuchte (wie an die Bewegung des Scoutisme, an die Pfarrei oder an die Mission de France) oder welche Möglichkeiten innerhalb der Gruppe auch diskutiert wurden (ob z. B. durch Privatgelübde oder durch die Anerkennung als Weltgemeinschaft oder schließlich durch eine Angliederung an das Säkularinstitut Caritas Christi die kirchliche Bindung zu sichern sei) – nie fand Madeleine Delbrêl für ihr Verständnis weltbezogener christlicher Identität, die sich allein in der Taufe begründete, den passenden Rahmen. Schließlich erklärte sich Mgr. Veuillot dazu bereit, die geistlich-kirchliche Leitung der Equipe zu übernehmen. Da Mgr. Veuillot kurze Zeit darauf zum Bischof von Angers, später sogar zum Kardinal von Paris ernannt wurde, war die kirchliche Anbindung der Equipe, solange er lebte, kein Problem.

Mehr als jedes Schriftstück vermag jedoch ihre «Blitzreise nach Rom» Zeugnis dafür abzulegen, was sie unter dem «mütterlichen Spürsinn Roms» verstand und wie sehr ihr die innere Verbindung der missionarischen Neuaufbrüche Frankreichs mit Rom und die Einheit der ganzen Kirche am Herzen lag.

Ihrer Biographin zufolge unternahm Madeleine Delbrêl diese Wallfahrt, um nur einen Tag lang für die französische Kirche am Petrusgrab zu beten, am 6. Mai 1952, kurz nachdem ihr bekannt wurde, dass Augros seines Amtes als Leiter der Mission de France enthoben werden sollte.[193] Ihr Ziel, am Apostelgrab zu erbitten, «dass [wir] die Gnade des Apostolats, die Frankreich gegeben worden ist, (...) in der Einheit bewahren» und, «dass diese Gnade von der Kirche anerkannt»[194] werde, legt deutlich Zeugnis von ihrer leidenschaftlichen Liebe zur sichtbaren Kirche ab.

Aber gerade hier, an der Sichtbarkeit der Kirche, setzte auch ihre Kirchenkritik an. Nach ihrer Romreise äußerte sie in einem Rundbrief an ihre Freunde, wie «stark die Gefahr für alle diese Prälaten, diese Männer in der Kirche [ist], im Charme dieser Kultur und dieses Reichtums zu leben». Und sie kritisierte: «Jedes Mal, wenn ich aus Sankt Peter hinaustrat, sah ich Autos von unerhörtem Luxus im Vatikan ein- und ausfahren.» Damit sah sie das christliche Zeugnis der Kirche in Gefahr, deren Option für die Armen angesichts der Verführung zum Reichtum verblasse. Vermutlich ist auch in diesem Zusammenhang ihre Aussage zu verstehen, die sie wenige Jahre später über Johannes XXIII. machte: «Johannes XXIII. hat uns bewiesen, dass sogar ein Papst ein christliches Leben leben kann, mitten in unserer Welt und in unserer Zeit.»[195] In ihrem Rundbrief schrieb sie weiter:

«In St. Peter, wo ich den ganzen Tag über blieb, wohnte ich der Messe bei. Sehr wenig Leute beteten. Ein bisschen Kommen und Gehen vor dem Grab Pius´ X. Das war beinah alles. Fast niemand, ein paar vereinzelte Priester, sehr wenige. Dafür ununterbrochene Karawanen von Engländern und Amerikanern, im Cook-Stil, mit Führern. Unter dem Boden Grabungsarbeiten mit den Gesprächen der Arbeiter und mit Wägelchen, um den Schutt wegzuführen.
In dieser Atmosphäre nahm ich meine Aufgabe wahr. Ich bohrte mich an ‹meinem› Pfeiler fest, der den Vorteil hat, vor dem Papstaltar zu sein, und über dem Grab des Heiligen Petrus betete ich mir das Herz aus dem Leib… und beinah mit Verzweiflung.»[196]

Ihr Blick wird dabei auch die Kuppel der Peterskirche gestreift haben, in der in großen Lettern zu lesen ist: «Tu es Petrus et super hanc petram aedificabo ecclesiam meam.» Denn ihren Bericht setzte sie mit folgenden Worten fort:

Abb.: Die Kuppel der Peterskirche in Rom mit der Inschrift: Tu es Petrus et super hanc petram aedificabo ecclesiam meam.

«Jesus hat zu Petrus gesagt: ‹Du bist Petrus und auf diesen Felsen werde ich meine Kirche bauen…› Er musste ein Fels werden, und die Kirche musste darauf entstehen. Jesus, der so viel von der Macht und Lebendigkeit des Geistes gesprochen hat, sagte, als er von seiner Kirche sprach, er werde sie auf diesem Mann, der wie ein Fels werden solle, erbauen. Es ist der Gedanke Christi, dass die Kirche nicht bloß etwas Lebendiges, sondern etwas Gebautes sein soll. (…) Ich begriff, wie sehr die Kirche von den Menschen, von allen Menschen, als die erkannt werden müsste, die sie liebt. Petrus: ein Fels, von dem man fordert, dass er liebe. Ich begriff, wie viel Liebe man einströmen lassen müsste in alle Äußerungen der Kirche.»[197]

Dem «mütterlichen Spürsinn Roms» entsprach nach Madeleine als Gegenstück die Väterlichkeit, die sie den Bischöfen abverlangte. Auffällig ist dabei, dass sie schon 1949 im Sinne der Konzilskonstitution «Gaudium et Spes» die mütterliche und väterliche Verantwortung der Kirche nicht nur für die Christgläubigen beanspruchte, sondern auf alle Menschen ausdehnte. So äußerte sie anlässlich der Beerdigungsfeier Kardinal Suhards, der am 30. Mai 1949 verstarb:

«Wenn der Vater gestorben ist, gehen die Kinder zum Begräbnis; sie sind die ersten hinter dem Sarg. Das Pariser Volk hatte seinen Vater verloren: so ging es nach Notre-Dame. Das gläubige Volk, auch das ungläubige», schrieb Madeleine in der katholischen Zeitschrift «Témoignage Chrétien». Dabei kritisierte sie, dass «die Kirche offen [war] für Priester und Ordensleute, für die offiziellen Persönlichkeiten, für solche, die im Besitz einer Eintrittskarte waren»,[198] aber nicht für das Volk, und das, obwohl Notre-Dame noch genügend Platz geboten hätte. Damit habe die Kirche ein negatives Bild vermittelt und kein Zeugnis gegeben: «Die Ungläubigen haben ohne Zweifel noch etwas weniger geglaubt. Sie konnten in diesem kalten, organisierten Trauerpomp der göttlichen und mütterlichen Zärtlichkeit nicht begegnen.»[199]

Denn für sie war die Kirche ein universales Netz der Liebe und Verbundenheit. Um sich das zu verdeutlichen, hatte sie auf ihrem Schreibtisch

immer eine Weltkarte, aber auch eine Karte der sowjetischen Flaggen und den Stadtplan von Rom ausgebreitet.

Die Gestaltung ihres Schreibtisches zeigt, wie sehr das Kirchenbild Madeleine Delbrêls vom Kommunismus geprägt wurde, dem sie in Ivry täglich begegnete. Der stete Umgang mit der überzeugenden Haltung engagierter Kommunisten stellte für sie eine Erfahrung im Sinne einer «Fremdprophetie» dar. In ihrem Buch «Ville marxiste» schrieb sie, dass der Kommunismus ein «lebeniger Organismus sei»[200] und durch die Mitglieder der Partei, «dem Leib des Marxismus»,[201] tätig würde. Zugleich übertrug sie die organologische Metapher der «Zelle», als die sie eigentlich den Christen in der Kirche bezeichnete, auch auf den Parteigenossen. Die Parteifunktionäre verglich sie mit dem Amt in der Kirche. Dadurch, dass sie hervorhob, dass «die Partei Gewissen und Interpretin der Aufgaben und Kämpfe»[202] sei und dort die «Bewusstseinsvorgänge eines Gehirns»[203] abliefen, sprach sie der Partei genau die koordinierenden und organisatorischen Aufgaben zu, die nach ihr das kirchliche Amt für den christlichen Glauben innehatte.

Abb.: Der Schreibtisch Madeleines, den sie mit einer Weltkarte, einem Straßenplan Roms und der Abbildung der Flaggen der Sowjetunion versehen hatte. Die Pieta von Michaelangelo und der Aschenbecher gehören ebenso zur Ausstattung ihres Schreibtischs.

An diesen Formulierungen wird deutlich, dass für sie die Kommunistische Partei und die Kirche zwei Größen mit missionarischem Anspruch waren, die die Welt zu durchdringen versuchten. So bezeichnete sie «diese beiden wesensverschiedenen Leiber (…) [als] unrückführbar entgegengesetzt, einander widersprechend, gegenseitig intolerant.»[204] Der Stadtplan von Rom und die Abbildung der sowjetischen Flaggen auf ihrem Schreibtisch zeigen bildlich, dass beide für sie einander bekämpfend gegenüberstanden. So wird im Vergleich mit dem Kommunismus deutlich, dass die kämpfende Haltung, die sie für die Kirche und den einzelnen Christen in Anspruch nahm, vermutlich nicht allein die karmelitische Spiritualität als Quelle hatte. Gerade die Begegnung mit den militanten Kommunisten in Ivry wird zu ihrem Verständnis der Kirche als «kämpfende Kirche» beigetragen haben.

Folglich dürfte gerade die Auseinandersetzung mit dem französischen Kommunismus dazu beigetragen haben, dass Madeleine ein horizontales Kirchenbild bevorzugte, das nicht die hierarchische Stufung betont, sondern vielmehr die Aufgabe des Amtes darin sieht, die verschiedenen Aufgaben und Charismen zu koordinieren.

Ferner trug ihre Erfahrung, dass die kommunistische Ideologie und ihre Ausbreitung davon lebte, dass sich der einfache Arbeiter als engagierter Vertreter des Kommunismus verstand, zu der ihr Kirchenbild kennzeichnenden Aufwertung des Laienchristen bei. Daher forderte sie von jedem Christen: «Je kirchloser die Welt ist, in die man hineingeht, um so mehr muss man Kirche sein. In ihr liegt die Mission, aber sie muss durch uns hindurchgehen.»[205]

Ihre Begegnungen mit den Kommunisten wurden zum Lernort ihres überzeugt gelebten christlichen Glaubens und beeinflussten maßgeblich ihre Vorstellung von dem, was Kirche sei.

Die Spiritualität Madeleine Delbrêls vereinte Paradoxa, die es ihr ermöglichten – wie es Hans Urs von Balthasar formulierte –, gleichermaßen «Kirchlichkeit bis in die Knochen und völlige Freiheit von kirchlichen Schablonen»[206] zu leben. Die Originalität ihrer Lebensform war einerseits durch eine an Freiheitsliebe grenzende Distanz zu jeder Form von kirchlichen

Organisationen (auch zur Ortspfarrei) gekennzeichnet. Andererseits war sie davon geprägt, dass sie «fast leidenschaftlich an der Struktur der sichtbaren, sakramentalen und hierarchisch gegliederten Kirche festhielt».[207]

So lebte Madeleine Delbrêl bewusst ganz in der Welt und ganz in der Kirche.

Am 13.Oktober 1964 starb sie – fast sechzigjährig – überraschend an einem Schlaganfall an ihrem Schreibtisch, dem Ort, an dem sie unzählige Vorträge vorbereitet hatte, um die man sie in ganz Frankreich immer häufiger gebeten hatte.

Abb.: Madeleine am Schreibtisch (1964), wo sie am 13. Oktober überraschend starb.

7

Madeleine im Jahr 1964

7. Die andere Heilige

Der bekannte französische Theologe Louis Bouyer wagte einmal die Behauptung, dass kein Christ eine so unvergleichlich mutige und ganzheitliche Weltoffenheit gelebt habe wie gerade Madeleine Delbrêl. Innigste Gottverbundenheit schloss für sie die Welt nicht aus, sondern ein. Was aber macht das Geheimnis ihres so einfachen und zugleich so leuchtenden Lebens aus, dass sie tiefe Gottesliebe mitten im Alltag eines geschäftigen Industrievorortes zu leben vermochte?

Das einheitliche Denken und Leben Madeleines nährte sich aus der einen wesentlichen Berufung des Christen, der Taufe. Gleichgültig, in welcher konkreten Lebensform sich die Berufung der Taufe entfaltet, ist sie für Madeleine so umfassend, dass sie vollkommen genügt. Denn den Auftrag der Taufe zu erfüllen, «übersteigt für den Christen zumeist ein Unendliches, was zu sein ihm gelingt».[208]

Daher ist das Fundament der Botschaft Madeleine Delbrêls in ihrer radikalen Bekehrung zu suchen, Gott den uneingeschränkt ersten Platz in allen Lebensbereichen einzuräumen. Denn das «einzige absolute Glück der Menschen» ist Gott.[209] «Jede natürliche Einsicht, jede menschliche Anhänglichkeit müssen dieser geistigen Ausrichtung im Glauben innewohnen, dieser Ergreifung unserer selbst durch die Liebe im Glauben.» Alles von Gott Empfangene Gott wieder zurückzugeben, lässt einen die Perspektive wechseln. Der von Gott begeisterte Mensch sieht die Welt mit anderen Augen. Wenn Gott den ersten Platz einnimmt, wird alles Gott untergeordnet, besser: Alles wird auf Gott hingeordnet. Dieser Anspruch zieht den eindeutigen Bruch mit allem nach sich, was der persönlichen Beziehung zu Gott im Wege steht. «Was damit unvereinbar ist, was dem in uns Konkurrenz machen wollte, muss hinausgeschafft werden.»[210] Dabei soll der Christ die äußeren Kontakte in seiner Arbeitswelt und seinem Alltag gerade nicht abbrechen. Er muss der Welt in einer inneren, entschieden christlichen Haltung gegenübertreten. Die Auseinandersetzung zwischen Glaube und Unglaube spielt sich nicht nur in der Gegenüberstellung von Christentum und atheistisch eingestellter Welt ab. Dieser Konflikt ist vielmehr zunächst von jedem einzelnen Christen in sich selbst zu suchen und dort – stets von neuem – auszufechten. Ein Christ, der nicht diesen inneren Widerspruch in sich bejaht, würde diese nicht ausgetragenen Spannungen auf seine Außenwelt projizieren. Damit läuft er jedoch Gefahr, sich gegenüber dieser vermeintlich feindlichen Außenwelt abzuschirmen und in einen privat-religiösen Binnenraum zu flüchten, weil seine Berührungsängste mit der Welt nicht durch eine eigene entschiedene Bekehrung überwunden wurden.

Madeleine fordert uns Christen dazu auf, unseren Standort immer wieder aufs Neue zu überprüfen und zu bestimmen. Diese ständig zu erneuernde Ausrichtung auf Gott macht auch den Christen von heute dazu fähig, sogar mitten in einer gleichgültigen und pluralistischen Welt den unterschiedlichen Anforderungen eines anspruchsvollen Alltags flexibel zu begegnen und Gott verbunden zu bleiben. Solches Christsein kann weitestgehend auf strukturelle Vorgaben und äußere Formen verzichten, da sich das Kriterium eines christlichen Lebens nicht an der Einhaltung von bestimmten Verhaltensregeln, sondern an der Wahrhaftigkeit der persönlichen Gottesbeziehung misst.

Weil Madeleine die Auseinandersetzung zwischen Glaube und Atheismus – die sie realistisch als «Kampf» bezeichnet – in den Christen hineinverlegt, ist die Verwirklichung von Christsein unabhängig vom Ort: «Alle Straßen sind uns begehbar, in jeder Untergrundbahn kann man sitzen, alle Treppen steigen, den Herrn überallhin tragen.»[211] Zugleich weiß sich Madeleine von Gott getragen, selbst wenn sie durch eine unruhige Menge schreitet. Daher braucht sie, um Gott zu finden, der Welt nicht den Rücken zu kehren. Denn «ein Kind ist nicht weniger auf dem Arm seiner Mutter, wenn sie es durch eine Menschenmenge trägt».[212]

Ein Mensch ihrer Überzeugung kann mitten in einem aufreibenden Alltag ein souveränes Christsein leben, das aus einer lebendigen Gottesbeziehung Kraft schöpft. Allerdings gibt sie zu bedenken, dass der Christ bereit sein muss, die Einsamkeit auszuhalten, weil sein Glaube ihn von anderen Menschen trennt. Wird Einsamkeit jedoch als Herausforderung und Gabe angenommen, bietet sie den Ort möglicher Gottesbegegnung. Der Christ wird dadurch befähigt, statt sich aus der Welt zurückzuziehen, «in der Welt», aber nicht «von der Welt» (Joh 17, 11.14) zu sein. Einsamkeit ist aber ebenso die Vorbedingung dafür, vor Gott stellvertretend für die Menschen seines Umfelds einzutreten. Die Einsamkeit gewährt dem Christen, eine Mittlerrolle zwischen Gott und der Welt, weil «Gott diese Einsamkeit braucht, um in die Welt zu gelangen und in ihr zu wirken».[213]

Ein weiteres Geheimnis der Weltverbundenheit von Madeleine liegt darin begründet, dass der Christ durch die Taufe in die dynamische Bewegung der Liebe eingeführt wird: «In der Taufe werden wir für die Bewegung der Liebe geboren.» Die in der Taufe begründete und in der Bekehrung entschieden angenommene Liebe Gottes ist für Madeleine aber kein statischer Zustand, auch nicht der einer mystischen Gottesschau, sondern das durch den Heiligen Geist bewegte Einswerden mit dem Willen Gottes. Und weil der Wille Gottes nichts als die Liebe zu den Menschen ist, ist der mit dem Willen Gottes geeinte Christ mit einer maßlosen Liebe in die Welt gesandt, die ihn zugleich nicht von der Welt sein lässt. Daher ist Gottes- und Nächstenliebe für Madeleine nur eine einzige Bewegung, eine einzige «unteilbare Liebe»[214] (1 Joh 4,16). Madeleine war von Gott begeistert, daher konnte sie gar nicht anders, als jedem Menschen, der ihr begegnete, dieses Glück ebenso zu wünschen. Ihre Nächstenliebe ging bis zum Äußersten, aber ihr Engagement wurde nie zum Selbstzweck. Mit ihrem selbstlosen sozialen Einsatz und ihrem politischen Engagement wollte sie ihren Mitmenschen helfen, ihnen damit aber auch verdeutlichen, was die Realität zugleich übersteigt und ihr innewohnt: das Reich Gottes.

Alles ist für Madeleine davon abhängig, ob der Christ den Keim der Taufe in sich wachsen lässt. «Die Taufe hat uns zu ‹Christus› gemacht.»[215] Jesus Christus ist das fleischgewordene Wort Gottes. In seiner Nachfolge soll jeder von uns das Wort Gottes nicht nur lesen, sondern sich von ihm einverleiben lassen und so selber zu einem lebendigen Wort Gottes werden, das über die Straßen der heutigen Städte geht. Auf diese Weise bleibt die Frohe Botschaft im Leben eines jeden Christen aktuell. Der objektive Anspruch des Evangeliums kann sich so in den subjektiven und weltlichen Rahmenbedingungen der einzelnen Christen verwirklichen, ohne an Sprengkraft zu verlieren.

Christsein ist für Madeleine ohne die Eingliederung in den Leib Christi, die Kirche, nicht zu verwirklichen. Madeleine hielt leidenschaftlich an der auch sichtbaren Kirche fest, deren Einheitspunkt Rom sie als «Sakrament der Christus-Kirche» bezeichnete. Weil ihr aber unerschütterlich bewusst war, dass die einzelnen Glieder der Kirche über die sichtbare Kirche hinaus gnadenhaft, «wie in einem elektrischen Stromnetz» miteinander verbunden sind, wusste sie sich in einem bewegten Alltag mitten in der Welt von den Kräften solcher Ströme der Gnade gestärkt. «Eingesenktsein in die Kirche, Christus geworden zu sein», ist eine durch die Taufe bewirkte Voraussetzung dafür, die Universalität der göttlichen Liebe in einer Welt zu verwirklichen, der man sonst verfallen könnte. Zugleich macht gerade der in der Welt lebende Christ durch sein Leben die Kirche in einer Umgebung präsent, zu der sie sonst keinen Zugang mehr hätte.

Madeleine hat nicht deswegen eine so große Ausstrahlung und Aktualität, weil sie eine theologisch ausgebildete Frau gewesen wäre oder weil sie eine weibliche Spiritualität entworfen hätte. Sie verstand sich nicht einmal als Verfechterin einer spezifischen Laienspiritualität. Vielmehr wird an ihrem Leben offenbar, was es bedeutet, die Berufung der Taufe in ihrer Universalität ernst zu nehmen und in einem gewöhnlichen Alltag außergewöhnlich zu verwirklichen. Sie macht uns darauf aufmerksam, dass der Christ in einer sich ständig und rasch wandelnden Welt die Fähigkeit besitzen muss, seinen Glauben der Dynamik der Geschehnisse anzupassen. «Aber um diesen raschen Realismus des Glaubens zu haben, müssen wir unsere Voraussetzungen ändern: [wir müssen] von einem Apriori der Unbeweglichkeit und Statik zu einem Apriori der Unverzüglichkeit gelangen.»[216] Christsein heißt, das Leben Christi «mit unserem Leben zu leben (…) Das aber bedeutet nicht eine Kopie zu sein, sondern ein Original».

Niemand weiß, an wen Madeleine diese Postkarte wenige Monate vor ihrem überraschenden Tod adressierte, ihre Botschaft jedoch bleibt: «Mach´s genauso. Madeleine»

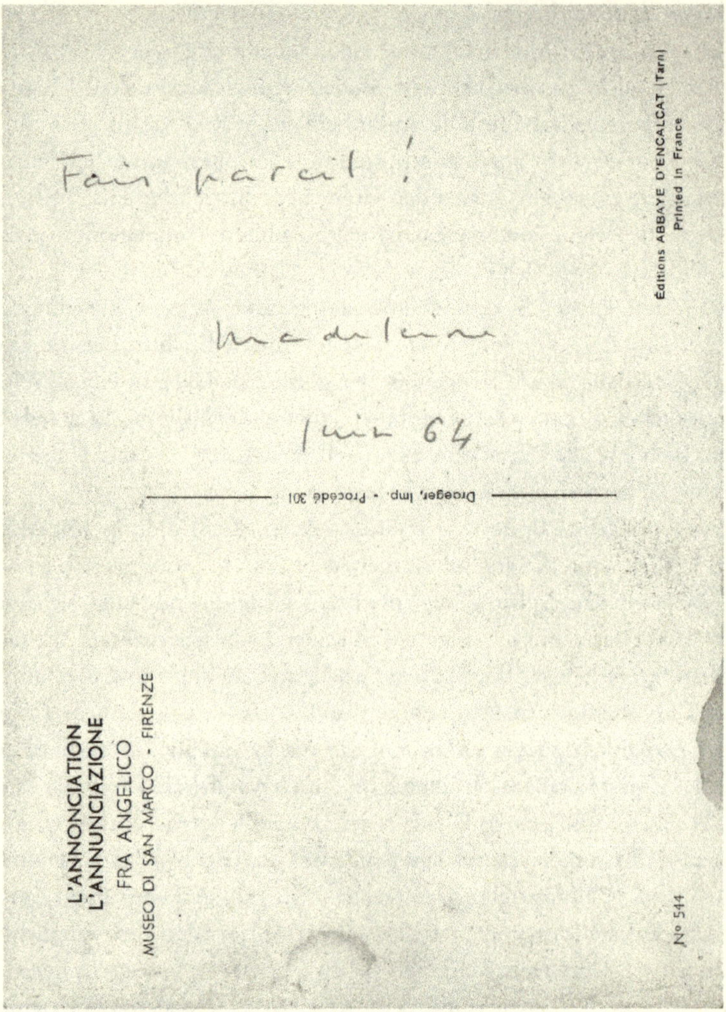

Abb.: Postkarte Madeleines

Zeittafel

Jahr	Madeleine Delbrêl	Spiritualitätsgeschichte Frankreich	(Kirchen-)Geschichte
1904	*geboren in Mussidan am 24.Oktober*		
1906	*Umzug nach Nantes*		*1894–1906: Dreyfusaffaire* *Trennung von frz. Staat und Kirche*
1907		*H. Bergson: L'évolution créatrice*	
1909	*Umzug nach Bordeaux*	*Seligsprechung Jeanne d'Arcs*	
1910		*Péguy: Le Mystère de la charité de Jeanne d'Arc* *Claudel: Cinq grandes O des* *Sertillanges: S. Thomas d'Aquin*	*Verurteilung des Sillon (M. Sangnier) durch Pius X.*
1914	*Umzug nach Montluçon,*	*Tod von Psichari, Péguy, Alain-Fournier*	*1914-1918: 1. Weltkrieg*
1915	*Erste Hl. Kommunion*		
1916	*Umzug nach Paris, Teilnahme am Literaturkreis Dr. Armaingauds*	*Tod von August Rodin, Léon Bloy und Charles de Foucauld*	
1919		*Begründung der Zeitschrift: La Vie Spirituelle*	
1920	*Vorlesungen an der Sorbonne bei L. Brunschvicg; ferner Studien in Literatur und Kunst*	*Heiligsprechung Jeanne d'Arcs* *offizielle Gründung der Scouts de France* *R. Bazin: Charles de Foucauld*	

Jahr	Madeleine Delbrêl	Spiritualitätsgeschichte Frankreich	(Kirchen-)Geschichte
1922	*Begegnung mit Jean Maydieu*		*Enzyklika: Ubi Arcano Dei (Charta der Katholischen Aktion)*
1924	*Trennung von Jean Maydieu; Bekehrung Madeleine Delbrêls*	*Gründung der Jeunesse ouvrière chrétienne (J.O.C.) durch Cardijn in Belgien*	*Tod Lenins, Aufstieg Stalins zur Alleinherrschaft*
1925	*veröffentlicht La Route* *Eintritt Maydieus bei den Dominikanern*	*Heiligsprechung von Therese von Lisieux*	
1926	*1925/26: theolog. Privatstudien in Mussidan* *Begegnung mit Abbé Lorenzo in der Pfarrei St. Dominique; Dezember: Engagement bei den Scouts de France in St. Dominique* *erhält für La Route den Prix Sully Prudhomme*	*Gründung der J.O.C. in Frankreich*	*Pius XI. weiht die ersten sechs chinesischen Bischöfe*
1927		*Lhande: Le Christ dans la banlieu* *Maritain: Primauté du spirituel*	
1928	*wird Leiterin der Frauengruppe der Pfarrei: «La Charité»*		
1929		*Therese von Lisieux wird zur Patronin der Missionare ernannt* *Claudel: Le Soulier de satin*	*Weltwirtschaftskrise*

Jahr	Madeleine Delbrêl	Spiritualitätsgeschichte Frankreich	(Kirchen-)Geschichte
1931	*Beginn ihrer Ausbildung als Sozialarbeiterin*		*Sozialenzyklika: Quadragesimo anno* *Enzyklika: Non abbiamo bisogno. Über die italienische Katholischen Aktion und den Faschismus*
1932		*Emmanuel Monier begründet die Zeitschrift «Esprit»*	
1933	*15.10.: Beginn in Ivry mit Hélène und Suzanne im Pfarrhaus St. Jean Baptiste*	*René Voillaume gründet die erste Fraternität der kl. Brüder Charles de Foucaulds in El-Abiodh*	*Hitler kommt in Deutschland an die Macht*
1934	*Lorenzo wird Pfarrer von Ivry* *Trennung der Eltern*		
1935	*Die Equipe zieht in die Rue Raspail Nr. 11*		*Enzyklika: Ad catholici sacerdotii*
1936	*Madeleine nimmt an der Aktion von Maurice Thorez teil* *Veröffentlichung ihrer Diplomarbeit: Ampleur et dépendance du Service social*	*Maritain: Humanisme intégral* *P. Montuclard begründet die «Jeunesse de l'Eglise»*	*der Generalsekretär der kommunistischen Partei, Maurice Thorez, ruft zur Aktion der «hingehaltenen Hand» (la main tendue) auf* *Sozialgesetz über 40-Stunden-Woche*
1937		*Yves Congar O.P. begründet die Reihe «Unam sanctam»* *Yves Congar: Chrétiens desunis*	*Enzyklika: Divini Redemptoris verbietet die Zusammenarbeit mit den Kommunisten*
1938	*zwei weitere Equipes beginnen in Ivry-Port und Champigny*	*Henri de Lubac: Catholicisme* *Marie-Dominique Chenu: Une école de théologie, Le Saulchoir*	

Jahr	Madeleine Delbrêl	Spiritualitätsgeschichte Frankreich	(Kirchen-)Geschichte
1939	*sie wird vom kommunistischen Bürgermeister G. Marrane zur technischen Deligierten der Sozialdienste ernannt; die kommunistische Verwaltung muß Ivry verlassen*		*Beginn des 2. Weltkriegs* *Tod Pius XI., Wahl Pius XII.* *Zwangsauflösung der frz. kommunistischen Partei*
1940	*Organisation von sozialen Hilfsorganisationen für die durch den Krieg betroffene Bevölkerung*	*Suhard wird Kardinal von Paris*	*Paris wird von den Deutschen besetzt*
1941		*Die frz. Kardinäle und Erzbischöfe beschließen die Gründung der Mission de France (MdF)* *Jacques Loew O.P. beginnt als Docker in Marseille; Simone Weil hält Vorträge im dortigen Dominikanerkonvent* *Chenu: Spiritualité du travail*	
1942	*die Nationalhilfe fordert sie auf, Fortbildungskurse für Sozialarbeiterinnen zu geben; sie verfasst Veillée d'armes* *Lorenzo verlässt Ivry, um nach Lisieux zu gehen* *erste Begegnung mit Jacques Loew*	*unter der Leitung von Louis Augros und Mitarbeit von Jacques Lorenzo wird das Priesterseminar der MdF in Lisieux eröffnet; erste Kontakte Madeleine Delbrêls zur Mission de France*	

Jahr	Madeleine Delbrêl	Spiritualitätsgeschichte Frankreich	(Kirchen-)Geschichte
1943	*Juni: Begegnung mit Abbé Godin* *erteilt Kurse beim «Centre de Formation de Moniteurs de Loisirs»* *zwei neue Equipes beginnen auf Einladung der MdF in Vernon und Cerisier*	*Godin / Daniel verfassen La France pays de mission?* *Gründung der Mission de Paris unter Suhard* *Aussendung von Priestern in dt. Arbeitslager* *Equipen der Mission de France lassen sich in den Departements Eure und Yonne nieder*	*Enzyklika Pius' XII.: Mystici Corporis*
1944	*Begegnung mit Venise Gosnat: Gründung eines gemeinsamen Komitees von Christen und Kommunisten* *lehnt Medaille der Resistance ab*	*Abbé Godin verunglückt tödlich* *Begründung der Zeitschrift «Masses ouvrières»*	*August: Befreiung von Paris, Bombardierung von Ivry* *de Gaule löst Vichy-Regime unter Pétain ab*
1945		*Abbé Lorenzo übernimmt mit einer Equipe der MdF die Pfarrei St. Hippolyte im 13. Arrondissement*	*Ende des 2. Weltkriegs*
1946	*Oktober: Madeleine Delbrêl kündigt den Sozialdienst*	*Loew: En mission proletarienne* *Rom äußert erste Kritik an Arbeiterpriesterbewegung*	*auf de Gaulle folgt Vincent Auriol als Präsident der frz. Republik* *Enzyklika: Mediator Dei*

Jahr	Madeleine Delbrêl	Spiritualitätsgeschichte Frankreich	(Kirchen-)Geschichte
1947	*eine weitere Equipe zieht nach Longwy* *Begegnung mit Soeur Magdeleine in Le Tubet und Ste. Baume*	*Fastenhirtenbrief Suhards: Essor ou déclin de l'Eglise* *Camus: La peste* *Mounier: Qu'est-ce que le personnalisme?* *Simone Weil: La pesanteur et la grâce*	*Konstitution Provida Mater über Statuten der Säkularinstitute*
1948		*Fastenhirtenbrief Suhards: Le sens de Dieu*	—
1949		*Fastenhirtenbrief Suhards: Le prêtre dans la cité* *Rom übermittelt Suhard die kanonischen Statuten der MdF für 3 Jahre* *Mai: Tod Kardinal Suhards*	*Kommunisten-Dekret: Verbot jeglicher Zusammenarbeit mit den Kommunisten*
1950	*Petition bei Vincent Auriol für einen spanischen Widerstandskämpfer*		*Enzyklika: Humani Generis*
1951	*Einsatz für die «34 von Barcelona»*		
1952	*Gründung der Kooperative «Ibéry» in der Rue Raspail (Herstellung von span. Backwaren)* *Mai: Blitzwallfahrt nach Rom* *nimmt am Protest gegen den Eucharistischen Kongress in Barcelona teil*	*Gilbert Cesbron: Les Saints vont en enfer*	

Jahr	Madeleine Delbrêl	Spiritualitätsgeschichte Frankreich	(Kirchen-)Geschichte
1953	*Einsatz für das auf Hochverrat angeklagte Ehepaar Rosenberg*		
	Juli: Romfahrt, Begegnung mit Mgr. Veuillot, halb öffentliche Papstaudienz, bei der Pius XII. ihr dreimal das Wort «Apostolat» nennt		
	September: Aufenthalt in Marseille, um mit Loew einen Appell zugunsten der Arbeiterpriester zu verfassen; in diesem Zushg. Korrespondenz mit Mgr. Veuillot, Mgr. Lallier, Mgr. Brot u.a.	*September: Mgr.Marella gibt den Beschluss der Kurie bekannt, das Experiment der Arbeiterpriester abzubrechen*	
	Oktober Brief an die Pères Augros und Perrot		
1954		*1. März: Ultimatum für Unterwerfung der Arbeiterpriester, die Hälfte (etwa 50) gehorcht nicht*	*Algerienkrieg (bis 1962)*
		im Aug. erhält die MdF ein neues Statut	
		Yves Congar: Jalons pour une théologie du laïcat	
1955	*Tod von Jean Maydieu, ihrer Mutter, und wenige Monate später ihres Vaters*		
	Vorträge vor «La Mission de France féminine», Action catholique ouvrièr und Jugendgruppen in Lyon		

Jahr	Madeleine Delbrêl	Spiritualitätsgeschichte Frankreich	(Kirchen-)Geschichte
1957	*Delbrêl veröffentlicht Ville marxiste terre de mission*		
1958	*Tod Abbé Lorenzos*		*Tod Pius.XII., Wahl Johannes XXIII.*
1959		*endgültiges Verbot jeglicher Fabrikarbeit für Priester*	*Johannes XXIII. kündigt das II. Vatikanische Konzil an*
1960		*Fessard: De l'Actualité historique*	
1961	*eine Equipe wird in Abidjan (Elfenbeinküste) gegründet*		*Sozialenzyklika: Mater et Magistra*
1962	*Reise nach Abidjan*		*Eröffnung des II. Vat. Konzils am 11.10.1962*
1963			*Enzyklika: Pacem in terris Tod Johannes XXIII.; Wahl Paul VI.*
1964	*13.Okt.: Tod Madeleine Delbrêls*		

Anmerkungen

Es wurden nur direkte Zitate belegt, um die Allgemeinverständlichkeit zu wahren. Die Autorin hat sich leichte Änderungen in vorliegenden Übersetzungen vorbehalten. Alle Übersetzungen wurden der neuen Rechtschreibung angeglichen.

1 NA (1922) 57/ NK 42.
2 NA (1964) 309 / NK 263.
3 NA (1964) 309/ NK 262f.
4 Zitiert nach: Guéguen (1995) 16. Übersetzung von Katja Boehme.
5 NA (1964) 309/ NK 263.
6 NA (1964) 309/ NK 263.
7 Vgl. Boismarmin (1996²) 16.
8 Michel E. de Montaigne (1998) 51.
9 Vgl. Nietzsches Erzählung: Der tolle Mensch. In: Friedrich Nietzsche (2000) Bd. II 125ff.
10 VM 248/ in Anlehnung an die Übersetzung von AdC 192.
11 Vgl. Montaigne (1998) 51.
12 Vgl. Nietzsche (2000²) Bd. II 166 und II 213.
13 Vgl. Boismarmin (1996²) 21.
14 Vgl. Nietzsche (2000²) Bd. II 624.
15 NA (1922) 59/ NK 44.
16 Madeleine Delbrêl: La Route. Paris 1927, 10f. In einer anderen Übersetzung auch in: Boismarmin (1996²) 25f.
17 Ebenso wie für die folgenden Zitate VM (1957) 250f/ AdC 193f.
18 Loew in: NA 29/ NK 25.
19 NA (1964) 312/ NK 266.
20 NA (1964) 314/ NK 267.
21 Boismarmin (1996²) 31.
22 zitiert nach Schleinzer (2001²) 175.
23 NA (1964) 314/ NK 268.
24 ebd.
25 NA (1959) 195/ NK 163.
26 NA (1960) 201/ NK 167.
27 Vgl. NA (1961) 218/ NK 180. CE (1961) 181/ FG 151.
28 VM 178/ AdC 139.
29 NA (1960) 219/ NK 181; vgl. NA (1964) 290/ NK 247.
30 ebd.
31 NA (1962) 280/ cf.NK 238.
32 JC (1956) 199/ GwL 53.
33 NA (1948) 87/ NK 66.
34 NA (1949) 91f./ NK 69.
35 VM 235/ AdC 183.
36 NA (1948) 87/ NK 66; vgl. NA (1962) 292/ NK 250. Vgl. Ez 11,19.

37 IA (1952) 73/ LU 66.
38 NA (1960) 208/ NK 174.
39 NA (1962) 280/ NK 235.
40 ebd.
41 Ebenso wie für die vorangehenden Zitate: VM (1957) 136/ AdC 106.
42 NA (1964) 317/ NK 271.
43 VM 135/ AdC 105.
44 VM 128/ AdC 82.
45 NA (1962) 280/ NK 238.
46 VM 252/ AdC 194.
47 VM 203/ AdC 158.
48 NA (1952) 134/ NK 108.
49 VM 160/ AdC 126. Vgl. CE (1964) 184/ FG 154.
50 IA (1960) 50/ LU 45.
51 NA (1938) 71f./ NK 53.
52 Vgl. Loew (1966) NA 65/ NK 47
53 Brief an Louise Solonne vom 6.8.1926. Übersetzung von Katja Boehme.
54 Vgl. ihren Brief an einen gewissen Père Léonard vom 1.9.1954. Übersetzung von Katja Boehme.
55 Vgl. ihren Brief an Louise Solonne vom 1.4.1927. Übersetzung von Katja Boehme.
56 Jean-Baptiste Terrien, La grâce et la gloire ou la filiation adoptive des enfants de Dieu étudiée dans sa réalité, ses principes, son perfectionnement et son courronement final, Paris:
P. Lethiellieux 1901, 2.vol. (Vgl. Arch.MD V 2).
57 Vgl. Briefe an Louise Solonne vom 1.4.1927 sowie vom 17. und 21.1.1928. Übersetzung von Katja Boehme.
58 Brief an Louise Solonne vom 8.10.1926. Übersetzung von Katja Boehme.
59 ebd.
60 La Route, Paris: Librairie A. Lemerre 1927 (139 S.).
61 La Route. Paris 1927, 31f. Übersetzung von Katja Boehme.
62 Brief an Louise Solonne 1928, zitiert nach Boismarmin (1996^2) 20.
63 Brief an die Equipe vom 11.7.1956, zit. nach Boismarmin (1996^2) 35.
64 Brief vom 14.1.1958; zit. nach Boismarmin (1996^2) 167.
65 JC (1959) 53. Übersetzung von Katja Boehme.
66 Brief an Louise Solonne vom 23.12.1926. Übersetzung von Katja Boehme.
67 ebd.
68 Brief an Louise Solonne vom 1.4.1927. Übersetzung von Katja Boehme.
69 Zit. nach Boismarmin (1996^2) 33.
70 Vgl. Mann (1996) 50.
71 Brief an Louise Solonne vom 30.1.1928. Übersetzung von Katja Boehme.
72 Brief an Louise Solonne vom 6.2.1928. Übersetzung von Katja Boehme.
73 ebd.
74 Vgl. Brief an die Gruppe vom 11.7.1956. Vgl. JC (1958) 52. Zit. auch in Boismarmin (1996^2) 35f.
75 Boismarmin (1985) 33 in Anlehnung an die Übersetzung von Boismarmin (1996^2) 35f.

76 ebd.
77 NA (1943) 75/ NK 57.
78 Wie für die vorangehenden Zitate: CE (1963) 48/ FG 34.
79 NA (1948) 81/ NK 59.
80 ebd.
81 Vgl. JC (1964) 226/ GwL 86.
82 JC (1964) 229/ GwL 90. Vgl. NA (1948) 81/ NK 59.
83 JC (1946) 31/ GwL 17. Vgl. Joh 6,64.
84 ebd.
85 JC (1964) 228/ GwL 89.
86 JC (1964) 229/ GwL 90.
87 JC (1946) 31/ GwL 17.
88 JC (1964) 229/ GwL 90.
89 Vgl. NA (1948) 81/ NK 60.
90 IA (1962) 49/ LU 44.
91 NA (1943) 76/ NK 57.
92 ebd.
93 NA (1948) 82/ NK 61.
94 JC (1964) 227f./ GwL 87f.
95 NA (1948) 80/ NK 58.
96 Vgl. JC (1964) 229/ GwL 90.
97 JC (1946) 32/ GwL 18.
98 Vgl. Mann (1996) 49.
99 Brief an Louise Solonne vom 14.3.1928. Übersetzung von Katja Boehme.
100 JC (1957) 58. Übersetzung von Katja Boehme.
101 Vgl. Brief an Louise Solonne vom 19.8.1931. Übersetzung von Katja Boehme.
102 Vgl. »La vocation de la Charité« Arch.MD II 11 (1945).
103 Arch.MD III A (1956) 56, zit. nach Schleinzer (2001^2) 179.
104 Brief Jacques Lorenzos an Hélène Manuel vom 26.5.1945 (Arch.MD III B 1). Übersetzung von Katja Boehme.
105 Vgl. ebd.
106 Réné Bazin: Le Père de Foucauld, explorateur du Maroc, érémite au Sahara. Paris: Plon 1921. Vgl. Boehme (1999^2) 22.
107 JC (1946) 36. Übersetzung von Katja Boehme.
108 VM 65/ AdC 54.
109 Directoire Spirituel des Charités en Mission, Arch. MD (1933) II 1. Übersetzung von Katja Boehme.
110 Charte de la Charité de Jésus, Arch. MD (1936) II 1. Übersetzung von Katja Boehme.
111 NA (1964) 310/ NK 264.
112 NA (1964) 310/ NK 264.
113 Vgl. Brief an Hélène Manuel vom 12.3.1935.
114 MsB (1943) 38. Übersetzung von Katja Boehme.
115 Brief an Abbé Widemann vom 19.2.1949; zit. nach Boismarmin (1996^2) 113f.
116 MsB (1943) 38. Übersetzung von Katja Boehme.
117 ebd.

118 MsB (1943) 47. Übersetzung von Katja Boehme.

119 Nous autres, gens de la rue, in: NA (1938) 67–72/ NK 49–53; zuerst veröffentlicht in: Etudes carmélitaines 23 (1938) 32–35.

120 NA (1938) 71/ NK 52f.

121 JC (1964) 217–231/ GwL 74–93. Die folgenden Zitate (S.60) sind aus diesem Text entnommen.

122 NA (1948) 84/ NK 63.

123 JC (1945) 94/ KM 92.

124 NA (1948) 83/ NK 62.

125 Vgl. CE (1956) 38/ FG 24.

126 VM 226/ AdC 176.

127 NA (1943) 73/ NK 54.

128 JC (1945) 89/ GwL 115.

129 VM 215/ AdC 167.

130 JC (1945) 89/ GwL 115.

131 CE (1956) 100/ FG 76.

132 IA (1959) 101/ LU 91.

133 NA (1943) 74f./ NK 55.

134 VM 47f./ AdC 47f.

135 NA (1964) 309/ NK 263.

135a Schleinzer (1994) 131.

136 NA (1964) 311/ NK 264f.

137 Ebenso das vorangehende Zitat: VM 188/ AdC 147.

138 Vgl. Brief an Abbé Lorenzo vom 23.11.1932. Übersetzung von Katja Boehme.

139 Madeleine Delbrêl: Ampleur et dépendance du service social. Paris: Ed. Bloud et Gay 1934, 23–25. Übersetzung von Michael Nödl.

140 NA (1964) 312/ NK 266.

141 VM 117/ AdC 92.

142 NA (1964) 312/ NK 266.

143 NA (1961) 244/ NK 204.

144 CE (1946) 29/ FG 15.

145 NA (1961) 269/ NK 227.

146 NA (1960) 230/ NK 192.

147 NA (1964) 308/ NK 262; vgl. NA (1964) 313/ NK 267.

148 NA (1964) 314/ NK 268.

149 Vgl. NA (1960) 231/ NK 193.

150 ebd.

151 NA (1964) 307–319/ NK 261–274.

152 NA (1951) 124/ NK 98.

153 JC (1940–50) 128/ GwL 114.

154 VM 190/ AdC 148.

155 Dieses und das vorangehende Zitat: CE (1963) 42/ FG 28.

156 ebd.

157 Madeleine Delbrêl, Brief vom 21.9.1957, in: VM 23/ AdC 23.

158 VM 58/ AdC 49.

159 Vgl. Fouilloux (1990) 101. Boismarmin (1996[2]) 59–69; 77–96; 115–117. Heimbach-Steins (1995) 91–107 und dies. (1995a) 367–378.
160 VM 238/ AdC 185.
161 Vgl. JC (1961) 173/ GwL 103.
162 VM 139/ AdC 114.
163 NA (1961) 243/ NK 203.
164 JC (1947) 42/ GwL 32.
165 JC (1961) 173/ GwL 103.
166 JC (1945–46) 90/ GwL 116.
167 Vgl. Madeleine Delbrêl. Der Kleine Mönch. Ein geistliches Notizbüchlein. Freiburg 1995[10].
168 KM 20, 35, vgl. 32.
169 zit. nach Guéguen (1995) 78.
169a Vgl. ausführlicher zu den vierunddreißig von Barcelona und der Affäre Rosenberg Heimbach-Steins (1994) 128–133.
170 Vgl. Heimbach-Steins (1994) 128.
171 Vgl. Boismarmin (1985) 116. Übersetzung von Katja Boehme.
172 VM 135/ AdC 105.
173 Chrétiens et procès. In : La Croix, 3.3.1953. Übersetzung von Katja Boehme.
174 Chrétiens et procès. In : La Croix 3.3.1953; zit. nach Guéguen (1995) 81. Übersetzung von Katja Boehme.
175 175 Brief an Jean Guéguen vom 13.1.1953; zit. nach Guéguen in: JC 10. Übersetzung von Katja Boehme.
176 VM (1957) 42/ AdC 35. Übersetzung nach NK 23.
177 NA (1938) 71/ NK 52f.
178 NA (1938) 67–72/ NK 49–53.
179 MsB (1943) 55.*
180 Vgl. Augros (1980) 54.
181 Der Brief ist zuerst veröffentlicht in: Heimbach-Steins, Marianne: Unterscheidung der Geister – Strukturmoment christlicher Sozialethik. Dargestellt am Werk Madeleine Delbrêls, ICS – Schriften 31, Münster 1994, 277–287. Hier zitiert nach MsB.
182 NA (1953) 150/ NK 123.
183 Missionnaires sans bateau. Les Racines de la mission. Préface de Mgr Claude Dagens. Saint-Maur 2000.
184 VM 178/ AdC 139.
185 Brief an die Pères Augros und Perrot vom 20.10.1953, MsB 93f.
186 Brief an Mgr. Brot vom 11.12.1953.
187 Dt: Auftrag des Christen in einer Welt ohne Gott. Einsiedeln 20002.
188 Neben ihrer Studie »Tendenz zur Verbündung, Tendenz zum Heil« (NA [1953] 141–144/ NK 114–117) gehören unmittelbar in diesen Zusammenhang ihre Studien zu: »Kirche und Mission« (NA [1951] 117–139/ NK 92–104) u.a.
189 Vgl. Boismarmin (1996[2]) 151.
190 Teile des in den Arch.MDs verwahrten Manuskripts von »Ville marxiste« tragen den Vermerk Mgr. Veuillots »lu par P. Philippe«.
191 NA (1952) 139/ NK 112f.

193 Vgl. Boismarmin (1996^2) 122f. und den dort zitierten Brief von Louis Augros vom 27.4.1952.
194 Für dieses und die folgenden Zitate: NA (1952) 137/ NK 111.
195 NA (1964) 320 / NK 274.
196 NA (1952) 138/ NK 112.
197 NA (1952) 139/ NK 113.
198 NK (1949) 100/ NK 76.
199 ebd.
200 VM 76/ AdC 63.
201 Vgl. VM 194/ AdC 151.
202 VM 80/ AdC 66.
203 Vgl. VM 85/ AdC 69.
204 NA (1961) 266/ NK 224.
205 NK (1953) 150/ NK 123.
206 Balthasar (1974) 13.
207 Balthasar (1976) 7.
208 Vgl. NA (1953) 148/ NK 121.
209 VM 252/ AdC 194.
210 Ebenso das vorangehende Zitat: NA (1959) 166/ NK 136.
211 NA (1943) 74/ NK 55.
212 Vgl. JC 90 (1945)/ GwL 115.
213 IA (1959) 101/ LU 91.
214 Vgl. den Titel ihres Buches: Idivisible amour. Paris 1991; dt.: Die Liebe ist unteilbar. Einsiedeln 20002.
215 NA (151) 120/ NK 95.
216 VM 256.

Literaturverzeichnis

Autorin und Verlag danken dem Johannes Verlag Einsiedeln für die freundliche Abdruckerlaubnis der nachgewiesenen Übersetzungen.

Werke von Madeleine Delbrêl und deren deutschen Ausgaben

VM = Ville marxiste terre de mission, rédigé à Ivry de 1933 à 1957, Ed.du Cerf ^{2}1970; (erste Auflage: 1957; dritte Auflage mit einem Vorwort von Etienne Fouilloux: Desclée de Brouwer ^{3}1995).

dt.:

CmS = Christ in einer marxistischen Stadt, hrsg. u. eingeleitet von Viktor Conzemius, Frankfurt 1974, (z.T. gekürzte) Übertragung von Hermann Josef Bormann.

AdC = Auftrag des Christen in einer Welt ohne Gott. Übersetzt von Ruth Disse u.a., Vorwort von Katja Boehme. Einsiedeln ^{2}2006.

NA = Nous autres, gens des rues, Textes missionaires présentés par Jacques Loew, Ed. du Seuil 1966.

dt.:

NK = Wir Nachbarn der Kommunisten. Diagnosen, übertragen und mit einem Vorwort versehen von Hans Urs von Balthasar, Einsiedeln 1975.

JC = La joie de croire, Préface de Jean Guéguen, Avant-propos de Guy Lafon, Ed. du Seuil 1968.

dt. in Auszügen:

GwL = Gebet in einem weltlichen Leben, übersetzt und mit einem Vorwort versehen von Hans Urs von Balthasar, Einsiedeln ^{7}2013.

und (Auszüge):

KM = Der kleine Mönch, ein geistliches Notizbüchlein, übertragen und mit einem Vorwort versehen von Bernhard Matheis, Freiburg ^{10}1995. Neuauflage: 2004 und 2005.

CE = Communautés selon l'Evangile, Avant-propos de Guy Lafon, Ed. du Seuil 1973.

dt.:

FG = Frei für Gott. Über Laien-Gemeinschaften in der Welt, übertragen von Hans Urs von Balthasar, Einsiedeln ²1991.

MsB (b) = Missionnaires sans bateau, avec une préface de Roger Card. Etchegaray, Collection: Paroles de Vie, Mesnil Saint-Loup 1989.

MsB = Missionnaires sans bateau. Les racines de la mission. Préface de Mgr Claude Dagens. Paris: Parole et Silence 2000.

IA = Indivisible Amour, Pensées détachées inédites, Préface de Jacques Sommet, Paris: Ed. du Centurion 1991.

dt.:

LU = Die Liebe ist unteilbar. Übersetzt von Martha Gisi. Vorwort von Katja Boehme. Einsiedeln ³2007.

Bisher erschienene Bände der Gesamtausgabe der Werke Madeleine Delbrêls

- Madeleine Delbrêl: Eblouie par Dieu – 1er tome des Œuvres Complètes. Correspondance Volume 1. Les lettres de l'âge de 6 à 37 ans, presque entièrement inédites. Novelle Cité 2004.
- Madeleine Delbrêl: S'unir au Christ en plein monde – 2° tome des Œuvres Complètes. Correspondance Volume 2. Les lettres des années 1942 à 1952, presque entièrement inédites. Novelle Cité 2004.
- Madeleine Delbrêl: Humour dans l'amour. Méditations et fantaisies – 3° tome des Œuvres Complètes Novelle Cité 2005.
- Madeleine Delbrêl: Le Moine et le Nagneau. Alcide et ses métamorphoses – 4° tome des Œuvres Complètes Novelle Cité 2006.
- Madeleine Delbrêl: Profession assistante sociale – 5° tome des Œuvres Complètes Novelle Cité 2007.
- Madeleine Delbrêl: Le service social entre personne et société – 6° tome des Œuvres Complètes Novelle Cité 2007.
- Madeleine Delbrêl: La sainteté des gens ordinaires, Nous autres gens des rues, Missionnaires sans bateaux – 7° tome des Oeuvres Complètes Novelle Cité 2009.
- Madeleine Delbrêl: Athéismes et évangélisation – 8° tome des Oeuvres Complètes Novelle Cité 2010.
- Madeleine Delbrêl: La femme, le prêtre et Dieu – 9° tome des Oeuvres Complètes. Au cœur du mystère intime de l'Eglise Novelle Cité 2011.

- Madeleine Delbrêl: La question des prêtres-ouvriers – 10° tome des Oeuvres Complètes. La leçon d'Ivry. Nouvelle Cité 2012.
- Madeleine Delbrêl: Ville marxiste, terre de mission – 11° tome des Oeuvres Complètes. Nouvelle Cité 2014.
- Madeleine Delbrêl: En dialogue avec les communistes – 12° tome des Oeuvres Complètes. Nouvelle Cité 2014.

Auswahl aus der deutschsprachigen Sekundärliteratur zu Madeleine Delbrêl:

Boehme, Katja: Gott aussäen. Zur weltoffenen Spiritualität bei Madeleine Delbrêl. Würzburg ²2000.

Boehme, Katja; Herkert, Thomas (Hg.): Proposer la foi – Dem Glauben einen Weg bereiten: Madeleine Delbrêl. Tagungsberichte der Katholischen Akademie der Erzdiözese Freiburg. Freiburg: Katholische Akad. 2006.

Boismarmin, Christine de: Madeleine Delbrêl: Mystikerin der Straße / Christine de Boismarmin. [Übers. aus dem Franz. Mathilde Wieman und Stefan Liesenfeld]. Zeugen unserer Zeit. München Zürich Wien: Verl. Neue Stadt 2010.

Fuchs, Gotthard (Hrsg.), »... in ihren Armen das Gewicht der Welt«. Mystik und Verantwortung: Madeleine Delbrêl, Frankfurt am Main 1995.

Georgens, Otto (Hg.): Auf den Straßen der Welt verbirgt sich Gott: Hundert Worte von Madeleine Delbrêl. München Zürich Wien: Verl. Neue Stadt 2004.

Heimbach-Steins, M.: Unterscheidung der Geister – Strukturmoment christlicher Sozialethik: Dargestellt am Werk Madeleine Delbrêls (2. Aufl.). Schriften des Instituts für Christliche Sozialwissenschaften der Westfälischen Wilhelms-Universität Münster: Vol. 31. Münster: Lit-Verl., erw. Aufl. ²2006.

Rosemarie Nürnberg: Ergriffen von Gott: Exerzitien mit Madeleine Delbrêl. München: Neue Stadt 2012.

Knoepffler-Parsons, Rita: Madeleine Delbrêl. Das Aggiornamento der Demut in ihrem Leben und in ihren Schriften. Münchner Theologische Beiträge Bd. 12. München: Herbert Utz 2006.

Schleinzer, Annette: Die Liebe ist unsere einzige Aufgabe: Das Lebenszeugnis von Madeleine Delbrêl. Ostfildern: Schwabenverlag [4]2014.

Schleinzer, Annette (Hg.): Madeleine Delbrêl. Gott einen Ort sichern: Texte – Gedichte – Gebete / Madeleine Delbrêl. Kevelaer: Verl.-Gemeinschaft Topos plus 2007.

Steiof, Dorothee: Verherrlichung Gottes – Madeleine Delbrêl und alttestamentliche Texte. Stuttgart: Kohlhammer 2013.

Auswahl aus der französischen Sekundärliteratur zu Madeleine Delbrêl

- Christine de Boismarmin: Madeleine Delbrêl, Rues des villes, chemins de Dieu. La biographie de référence d'une amie proche de Madeleine, présentation de J. Loew. Nouvelle édition. Novelle Cité 2004.
- Gilles François, Bernard Pitaud et Agnès Spycket : Madeleine Delbrêl, connue et inconnue. Livre du centenaire. Novelle Cité 2004.
- Gilles François et Bernard Pitaud: Madeleine Delbrêl, genèse d'une spiritualité. Novelle Cité 2008.
- Bernard Pitaud: Eucharistie et discernement chez Madeleine Delbrêl. Novelle Cité 2010.
- Bernard Pitaud: Prier 15 jours avec Madeleine Delbrêl. Novelle Cité 2004.
- Gilles François, Bernard Pitaud: Madeleine Delbrêl: poète, assistante sociale et mystique. Dehoniane: Bologne 2014.

Sonstige zitierte Literatur

Augros, Louis, Postface, in: NA (1966) 321–328. AUGROS (1966)

ders.: La Mission de France, in: Masses ouvrières 12 (Mai 1946) 46–61; dt.: Die »Frankreich-Mission« und die Katholische Aktion, veröffentlicht in zwei Teilen: Dokumente 3 (1947), Heft 4, Nr. 35, 1–4 u. Heft 5, Nr. 44, 1–6. AUGROS (1947) 4, 5

ders.: De l'Eglise d'hier à l'Eglise d'aujourd-hui. L'aventure de la Mission de France, Paris: Ed. de Cerf 1980. AUGROS (1980)

Bazin, Réné: Le Père de Foucauld, explorateur du Maroc, érémite au Sahara. Paris: Plon 1921.

Foucauld, Charles de, Directoire (texte de 1909–1913), hrsg. Louis Massignon, Paris: Seuil 1929. Foucauld (1929)

Loew, Jaques: En mission prolétarienne, Lyon-Paris 1946. Loew (1946)

ders., Journal d'une Mission ouvrière 1941–1959, Paris: Ed. du Cerf 1959; dt.: Tagebuch einer Arbeitermission 1941–1959, Mainz 1960. Loew (1959)

ders., Le bonheur d'être homme. Entretiens avec Dominique Xardel, Paris: Centurion 1988. Loew (1988)

Montaigne, Michel E. de: Philosophieren heißt sterben lernen. In: Ders.: Essais. Erste moderne Gesamtübersetzung von Hans Stillet. Hg. Hans Magnus Enzensberger, Frankfurt 1998. Montaigne

Nietzsche, Friedrich: Werke. Hg. Karls Schlechta. 2. Auflage. Directmedia – Berlin 2000. Nietzsche

Pascal, Blaise, Pensées, Texte de l'édition Brunschvicg, introduction et notes par Ch.-Marc des Granges, Paris: Garnier 1964. Pascal

Perrot, Daniel, Les fondations de la Mission de France, Paris: Ed. du Cerf 1987. Perrot (1987)

Siefer, Gregor, Die Mission der Arbeiterpriester. Ereignisse und Konsequenzen, Essen 1960. Siefer (1960)

Terrien SJ, Jean Baptiste, La grâce et la gloire ou la filiation adoptive des enfants de Dieu étudiée dans sa réalité, ses principes, son perfectionnement et son courronement final, 2. Bde., Paris: Ed. P. Lethielleux, 1901. Terrien (1901)

Bildquellen

Kapitel 1

7 Madeleine mit 19 Jahren, © photos: Amis de Madeleine Debrêl.
8 Das Haus der Großeltern, © photos: Amis de Madeleine Debrêl.
9 Wachswarenfabrik, Quelle unbekannt.
12 Madeleine mit Großmutter, © photos: Amis de Madeleine Debrêl.
13 Erste Heilige Kommunion, © photos: Amis de Madeleine Debrêl.
17 Porträt Maydieu, Quelle unbekannt.

Kapitel 2

19 Madeleine im Jahr 1931, © photos: Amis de Madeleine Debrêl.
22 Handschriftliche Notiz, © photos: Amis de Madeleine Debrêl.
28 Elte rnhaus, © Katja Boehme.
32 Kirche St. Dominique, © Katja Boehme.

Kapitel 3

33 Madeleine als Pfadfinderin, © photos: Amis de Madeleine Debrêl.
34 Madeleine mit Père Lorenzo, © photos: Amis de Madeleine Debrêl.
35 Madeleine mit den Wölflingen, © photos: Amis de Madeleine Debrêl.
37 Madeleine spielt Theater, © photos: Amis de Madeleine Debrêl.

Kapitel 4

45 Madeleine als Sozialarbeiterin (ca. 1941), © photos: Amis de Madeleine Debrêl.
50 Madeleine als Sozialarbeiterin (ca. 1934), © photos: Amis de Madeleine Debrêl.
52 Kirche St. Jean-Baptiste, Quelle unbekannt.
52 Aufbruch nach Ivry, © photos: Amis de Madeleine Debrêl.
53 Pfarrkirche von Ivry, © Katja Boehme.
55 Rue Raspail Nr 11, © Katja Boehme.

Kapitel 5

67 Madeleine um 1949, © photos: Amis de Madeleine Debrêl.
72 Das kommunistische Rathaus, © Katja Boehme.
78 Küche im Haus der Equipe, © Katja Boehme.
79 Equipe um 1946, © photos: Amis de Madeleine Debrêl.
81 Grabplatte Albertos, © Katja Boehme.
83 Demonstration für das Ehepaar Rosenberg am 17.06.1953, © Transglobe Agency/ Roger-Viollet

Kapitel 6

85 Madeleine um 1954, © photos: Amis de Madeleine Debrêl.
88 Priesterseminar vor der Statue der Heiligen Therese von Lisieux, © Mission de France.
94 Kuppel von St. Peter zu Rom, © Katja Boehme.
96 Schreibtisch, © Katja Boehme.
98 Madeleine am Schreibtisch, © photos: Amis de Madeleine Debrêl.

Kapitel 7

99 Madeleine 1964, © photos: Amis de Madeleine Debrêl.
104 Postkarte, © Katja Boehme.